자기계발코칭전문가
6단계 시스템

자기계발코칭전문가 4
(방탄행복)

1명의 명품 인재가 10만 명을 먹여 살리고
4차 산업 시대에는 명품 인재인
방탄자기계발 전문가 1명이
10만 명의 인생을 변화 시킨다!

방탄자기계발 신조

들어라 하지 말고 듣게 하자.
누구처럼 살지 말고 나답게 살자.
좋아하게 하지 말고 좋아지게 하자.
마음을 얻으려 하지 말고 마음을 열게 하자.
믿으라 말하지 말고 믿을 수 있는 사람이 되자.
좋은 사람을 기다리지 말고 좋은 사람이 되어주자.
보여주는(인기) 인생을 사는 것이 아닌 보여지는(인정)
인생을 살아가자.
나 이런 사람이야 말하지 않아도 이런 사람이구나.
몸, 머리, 마음으로 느끼게 하자.
－ 최보규 방탄자기계발 창시자 －

만나서 반갑습니다!

가슴이 설레는 만남이 아니어도 좋습니다.
가슴이 떨리는 운명적인
만남이 아니어도 좋습니다.

만남 자체가 소중하니까요!
고맙습니다!
감사합니다!
사랑합니다!

가슴이 설레는
만남이 아니어도 좋습니다.

가슴이 떨리는
운명적인 만남이 아니어도 좋습니다.

만남 자체가 소중하니까요.

직접 만나는 것도 만남이고
책을 통해서 만나는 것도 만남입니다.

최보규 방탄자기계발 전문가의 만남으로
"당신은 제가 좋은 사람이 되고 싶도록 만들어요."
라는 인생을 살 것입니다.

좋은 일이 생길 겁니다.

방탄자기계발 소개

방탄자기계발은 노오력 자기계발이 아닌 올바른 노력 자기계발을 하는 것입니다.

20,000명 상담, 코칭! 자기계발서 12권 출간! 자기계발 습관 204가지 만들고 직접 자기계발을 하면서 알게 된 자기계발의 비밀!

지금 대부분 사람들의 자기계발 환경이 어떤지 아십니까?

하루에도 자기계발, 동기부여 연관된 영상, 글, 책, 사진 들 수도 없이 엄청나게 많이 보는데 10년 전보다 스마트폰 없는 시대보다 1,000배는 더 좋은 환경인데도 스마트폰 시대 10년 전보다 더 자기계발, 동기부여를 더 못하는 현실입니다.

10년 전 스마트폰 없던 시대보다 자기계발을 더 못하는 이유가 뭘까요?

단언컨대 자기계발 본질을 모르고 하기 때문입니다.

어떤 것이든 본질을 알아야만 노오력이 아니라 올바른 노력을 할 수 있습니다.

노력은 경험만 채우고 시간만 때우는 노력입니다. 지금 시대는 노력이 배신하는 시대입니다.

올바른 노력은 어제보다 0.1% 다르게, 변화, 마음, 성장 하는 것입니다.

인생의 본질	
	헬스, 운동 본질
	직장, 일 본질
	연애, 사랑 본질
	인간관계 본질
	자기계발 본질

인생의 모든 본질은 정답이 없지만 기본을 지키지 않으면 결과가 나오지 않습니다.

운동의 본질은 헬스, 운동의 기본기를 배우지 않는 사람이 좋은 헬스장으로 옮긴다고 헬스, 운동 습관이 만들어지는 것이 아닙니다.

직장의 본질은 월급 날짜만 기다리는 사람이 직장을 바꾼다고 일에 대한 의욕이 생기지 않습니다.

사랑의 본질은 평상시에 사랑 받을 행동을 안 하는 사

람은 사랑하는 사람이 생겨도 사랑 받을 수가 없습니다.

인간관계의 본질은 내가 좋은 사람이 되기 위해 학습, 연습, 훈련을 안 하는 사람은 좋은 사람이 생겨도 금방 떠나갑니다.

자기계발의 본질인 방탄자존감, 방탄멘탈, 방탄행복, 방탄습관, 방탄자기계발 모르는 사람은 자기계발 책 200권 자기계발과 연관된 영상, 글, 책, 사진 등 1,000개를 보더라도 자기계발을 시작을 못합니다.

방탄자기계발 본질 학습, 연습, 훈련을 통해 나다운 인생을 살 수 있게 방향을 잡아주고 자신 분야 삼성(진정성, 전문성, 신뢰성)을 높여 줄 것입니다. 더 나아가 자신 분야 제2의 수입, 제3의 수입을 올릴 수 있는 연결고리를 만들어 줄 것입니다.

기회를 기다리는 자기계발
기회를 만들어 가는 방탄자기계발
때를 기다리는 자기계발
때를 만들어 가는 방탄자기계발
- 최보규 방탄자기계발 전문가 -

목차

4장 방탄행복

명품자기계발 조건

명품 자기계발의 조건!

1. 단 하나 (only one)
   방탄자기계발 코칭은 오직 최보규 창시자만 가능하다.

2. 책임감 (150년 a/s, 관리, 피드백)

3. 체계적인 1:1 맞춤 시스템 (9단계 시스템)

4. 20,000명 상담, 코칭 (상담 전문가)

5. 삼성이 검증된 전문가(진정성, 전문성, 신뢰성)
   자기계발 책 12권 출간

| Google 자기계발아마존 | ▶YouTube 방탄자기계발 | NAVER 방탄자기계발사관학교 | NAVER 최보규 |

20,000명 상담, 코칭으로 알게 된
나다운 인생길 네비게이션!

예측
운전

자신

방어
운전

방탄
자존감

방탄
멘탈

방탄
습관

방탄
행복

자신 분야를 자동차 4개의 바퀴로 비유하자면 방탄자존감, 방탄멘탈, 방탄습관, 방탄행복이고 핸들은 (이루고 싶은 것) 방탄자기계발이다! 방탄자존감, 방탄멘탈, 방탄습관, 방탄행복을 통해 자신 분야 삼성(진정성, 전문성, 신뢰성)을 올려서 제2수입, 제3수입, 월세, 연금성 수입을 발생 시켜 온라인 건물주로 만들어 주는 것이 방탄자기계발이다.

방탄
자기계발

4차 산업 시대는 방탄자기계발이다!

꽃, 열매는(자신, 자신 분야) 화려하고 보기 좋았는데 뿌리가(자신, 자신 분야) 썩어 죽어가고 있다?

가장 중요한 뿌리(방탄자존감, 방탄멘탈, 방탄습관, 방탄행복)를 학습, 연습, 훈련을 하지 않으면 자신, 자신 분야 삼성(진정성, 전문성, 신뢰성)을 올려 제2수입, 3수입을 만들어 주는 방탄자기계발이라는 꽃, 열매는 얻을 수 없다!

방탄 자기계발

삼성이 검증된 방탄자기계발전문가

Google 자기계발아마존 | ▶YouTube 방탄자기계발 | NAVER 방탄자기계발사관학교 | NAVER 최보규

자신 분야
삼성(진정성, 전문성, 신뢰성)
제2, 3수입을 올려 온라인 건물주 되자!

80%는 **교육으로 만들어진다?** 300% 틀렸습니다!

세계 최초! 방탄자기계발
효율적인 교육 시스템!

교육

1단계

= 20%

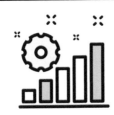

스스로
학습, 연습, 훈련

2단계

= 30%

feedback

검증된 전문가
a/s,관리,피드백

3단계

= 50%

150년
a/s,관리,피드백

20,000명 상담, 코칭을 하면서 알게 된 2:3:5공식!

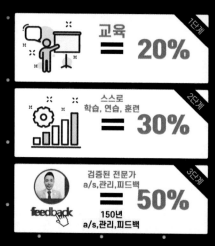

평균적으로 학습자들은 교육만 받으면 80% 효과를 보고 동기부여가 되어 행동으로 나올 것이라고 착각을 합니다.

그러다 보니 교육을 받는 동안 생각만큼, 돈을 지불한 만큼 자신의 기준에 미치지 못하면 효과를 보지 못한 거라고 지레짐작으로 스스로가 한계를 만들어 버립니다. 그래서 행동으로 옮기지 못하는 것이 상황과 교육자가 아닌 자기 자신이라는 것을 모릅니다.

20,000명 상담. 코칭, 자기계발서 12권 출간, 자기계발 습관 204가지 만듦, 시행착오, 대가 지불, 인고의 시간을 통해 가장 효율적이며 효과적인 교육 시스템은 2:3:5라는 것을 알게 되었습니다.

교육 듣는 것은 20% 밖에 되지 않습니다. 교육을 듣고 스스로가 생활 속에서 배웠던 것을 토대로 30% 학습, 연습, 훈련을 해야 합니다.

가장 중요한 50%는 학습, 연습, 훈련한 것을 검증된 전문가에게 꾸준히 a/s, 관리, 피드백을 받아야만 2:3:7공식 효과를 볼 수 있습니다.

자기계발코칭전문가
내공, 가치, 값어치

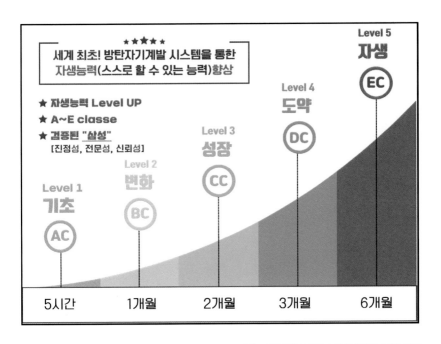

세계 최초! 방탄자기계발 시스템을 통한 자생능력(스스로 할 수 있는 능력)향상

★ 자생능력 Level UP
★ A~E classe
★ 검증된 "삼성"
　[진정성, 전문성, 신뢰성]

Level 1
기초
AC

Level 2
변화
BC

Level 3
성장
CC

Level 4
도약
DC

Level 5
자생
EC

| 5시간 | 1개월 | 2개월 | 3개월 | 6개월 |

★★★★★ 검증된 전문가 교육시스템

회원제를 통한 무한반복 학습, 연습, 훈련
오프라인 전문상담사가 검진 후 특별맞춤 학습, 연습, 훈련

검증된 강사코칭 전문가
세계 최초 강사 백과사전
강사 사용설명서를 만든 전문가!
150년 A/S, 관리해주는 책임감!

검증된 책 쓰기 전문가 12권
나다운 강사1, 나다운 강사2
나다운 방탄멘탈, 행복히어로
나다운 방탄습관블록
나다운 방탄 카피 사전
나다운 방탄자존감 명언 I
나다운 방탄자존감 명언 II
방탄자기계발 사관학교 I
방탄자기계발 사관학교 II
방탄자기계발 사관학교 III
방탄자기계발 사관학교 IV

검증된 자기계발 전문가

방탄행복 참시자!
방탄멘탈 참시자!
방탄습관 참시자!
방탄자존감 참시자!
방탄자기계발 참시자!
방탄강사 참시자!

검증된 상담 전문가
20,000명 상담, 코칭!
혼자 독학하기 힘든 행복, 멘탈, 습관
자존감, 자기계발, 강의, 강사
1:1 케어까지 해주며 행복 주치의가
되어주는 전문가!

카페에 피카소가 앉아 있었습니다. 한 손님이 다가와 종이 냅킨 위에 그림을 그려 달라고 부탁했습니다. 피카소는 상냥하게 고개를 끄덕이곤 빠르게 스케치를 끝냈습니다. 냅킨을 건네며 1억 원을 요구했습니다.
손님이 깜짝 놀라며 말했습니다. 어떻게 그런 거액을 요구할 수 있나요? 그림을 그리는데 1분밖에 걸리지 않았잖아요. 이에 피카소가 답했습니다.

아니요. 40년이 걸렸습니다. 냅킨의 그림에는 피카소가 40여 년 동안 쌓아온 노력, 고통, 열정, 명성이 담겨 있었습니다.

피카소는 자신이 평생을 바쳐서 해온 일의 가치를 스스로 낮게 평가하지 않았습니다.

- 출처: <확신> 롭 무어, 다산북스, 2021 -

자기계발코칭전문가
커리큘럼

자신의 무한한 가능성을

방탄자기계발사관학교에서 시작하세요!

150년 a/s, 관리, 피드백 함께하겠습니다!

커리큘럼

Google 자기계발아마존

클래스명	내용	2급(온라인)	1급(온,오)
방탄자존감	나답게 살자! 원리 학습, 연습, 훈련	1강, 2강	5시간
방탄멘탈	멘탈 보호막 원리 학습, 연습, 훈련	3강, 4강	5시간
방탄습관	습관 보호막 원리 학습, 연습, 훈련	5강, 6강	5시간
방탄행복	나다운 행복 만들기 원리 학습, 연습, 훈련	7강, 8강	5시간
방탄자기계발	지금처럼이 아닌 지금부터 살자! 원리, 학습, 연습, 훈련	9강, 10강	5시간
방탄코칭	코칭전문가 10계명 (품위유지의무)	11강	5시간

"국가등록 민간자격"

★ 자격증명 : 자기계발코칭전문가 2급, 1급
★ 등록번호 : 2021-005595
★ 주무부처 : 교육부
★ 자격증 종류 : 모바일 자격증

교재
(선택사항 / 별도 구매)

NAVER 방탄카피사전	NAVER 방탄자존감명언	NAVER 방탄멘탈
NAVER 방탄습관	NAVER 행복히어로	NAVER 최보규

방탄자존감1   방탄자존감2   방탄자존감3

방탄멘탈   방탄습관   방탄행복

자기계발코칭전문가
필시/실기

자기계발코칭전문가2급
필기/실기

자기계발코칭전문가2급 필기시험/실기시험

\#. 자격증 검증비, 발급비 50,000원 발생
  (입금 확인 후 시험 응시 가능)

▶ 1강~10강(객관식):(10문제 = 6문제 합격)

▶ 11강(주관식):(10문제 = 6문제 합격)

▶ 시험 응시자 문자, 메일 제목에 자기계발코칭전문
  가2급 시험 응시합니다.
  최보규 010-6578-8295 / nice5889@naver.com

▶ 네이버 폼으로 문제를 보내주면 1주일 안에 제출!
  합격 여부 1주일 안에 메일, 문자로 통보!
  100점 만점에 60점 안되면 다시 제출!

자기계발코칭전문가2급 기출문제

자기계발코칭전문가2급 실기(주관식)

자기계발코칭전문가1급
필기/실기

자기계발코칭전문가1급 필기시험/실기시험

자기계발코칭전문가2급 취득 후 온라인(줌)1:1, 오프라인1:1 선택 후 5개 분야 중 하나 선택(방탄자존감, 방탄멘탈, 방탄습관, 방탄행복, 방탄자기계발=9가지) 한 분야 5시간 집중 코칭 후 2급과 동일하게 필기시험, 실기시험(코칭 비용 상담)

자신의 무한한 가능성을

방탄자기계발사관학교에서 시작하세요!
150년 a/s,관리,피드백 함께하겠습니다!

4장 방탄행복

자기계발코칭전문가
7강
나다운 행복 만들기 원리

즐거움이 삶의 방식을 결정한다.

이 형편없는 직장을 그만두면 이기적인 연인과 헤어지면 좀 더 활기찬 도시로 이사하면 비로소 여유를 찾고 인생을 즐길 수 있을 거야. 돈을 좀 더 벌고 나면, 살을 좀 빼고 나면 사랑하는 삶을 만나게 되면 내 상황이 좀 더 당당해 지면 현재의 불행이 사라질 거야.

보이는가? 당신은 현재의 문제가 해결되지 않는 한 즐거움은 없다는 것을 전제로 둔 것이다.

다음은 이런 삶의 태도는 아직은 때가 아닌 삶을 나열한 것이다. 이 중 익숙한 것은 없는지 찾아보기 바란다. 행복을 미룬다~ 즐겁게 사는 방법

1.이일로 경기가 좋아지면

2.특별한 영감을 받으면

3.누군가 내가 무엇을 해야 할지 알려주면

4.저축을 좀 더 하면

5.아이들이 대학을 가면

6.생활이 좀 나아지면

7.살을 좀 빼고나면

8.내가 도움 받을 수 있는 인간관계가 형성되면

9.힘든 직장을 그만두면

10.좀 더 자신감이 생기면

11.이 프로젝트만 끝내면

12.좀 더 넓고 깨끗한 집으로 이사하면

13.올해가 지나면

14.워크숍을 몇 개 더 참석하고 나면

15.지금보다 건강해지면

16.허락을 받으면

17.완벽하게 확신이 서면

18.남을 용서하고,남에게 용서 받으면

19.분명하고 명확한 계획을 세우면

20.능력의 한계를 인정하고 사고를 극복하면

아직은 때가 아닌 이런 사고방식은 우연히 얻을 수 있는 이득까지 막아버린다. 삶의 부족한 부분만 보면서 무엇이든 차일피일 미루고 나쁜 습관과 쓸데없는 걱정을 반복한다. 기회가 와도 보지 못하고 삶을 변화로 이끌 작은 행동도 하지 못한다.

동시에 행동의 변화 자체를 값비싼 것으로 변질시킨다.즐거움을 만끽하고 새로운 일을 시작하려면 문제가 먼저 해결돼야 한다고 생각한다.

그러니 아직은 아무것도 시작하고 싶지 않다.

『천 개의 성공을 만든 작은 행동의 힘』 존 크럼볼츠, 라이언 바비노, 프롬북스 2014

자신의 행복, 변화, 성장 배울 수 있는 상황들이 많은데 "그것이 되면 그때 하겠어." 라는 부정의 핑계로 부정의 합리화를 시켜 자신이 자신을 방해하는 안타까운 상황이 벌어집니다.

인생은 세상, 현실, 주위 사람들이 방해하는 것보다 자신이 자신을 방해하는 경우가 더 많습니다.
자신의 적은 누구에요? 자기 자신입니다 그 또라이가 아닙니다. 그것이 되면 하는 게 아니라 "그것이 안 되더라도 일단 하자! 그것이 되면 행복할 거야! 가 아니라 지금 행복하자!" 그러기 위해서 지금 하고 있는 것 집중하고 감사해야 합니다.

행복은 이월이 안되기에
지금 행복하기 위한
학습, 연습, 훈련

오늘 행복은 내일로 이월이 안 되는데 이월 되는 게 있습니다. 부정, 불만은 내일로 이월이 되고 복리로 누적이 됩니다.

대한민국 OECD 국가중에 행복 꼴찌 대한민국 국민의 행복이 위험하다는 건 자신의 행복이 위험하다는 것입니다.
자신의 행복이 자신에게 sos 보내는 마음의 소리가 들리지 않습니까? 그 행복의 소리를 들리게 주겠습니다.
집중하세요!

포노 사피엔스 시대(스마트폰 시대), 4차 산업 시대, AI 시대, 5G ~10G 시대, SNS 시대, 메타버스 시대,빛 보다 빠르게 변화하는 시대입니다.

스마트폰으로 인해 상대적 불행, 상대적 불만, 상대적 빈곤에 노출이 되어 자신의 행복을 도둑 맞고 있습니다.

언제 끝날지 모르는 비대면 시대에 머리, 마음, 몸이 다 지쳐있고 경제적으로도 다 힘들어하는 상황입니다.

힘들죠? 지치죠? 뭐 도와줄 거 없어요? 토닥토닥 위로, 격려가 어느 때보다 절실한 시대입니다.
"잘 할 수 있어! 보다 잘하지 않아도 괜찮아! 이 말이 더 절실한 시기입니다."

"하면 된다! 보다 하는 데까지 해보자! 이 말이 더 절실한 시기입니다."

"지금 우리 님들 각자 위치에서 애쓰고 있잖아요." 결과가 나오진 않지만 지금 애쓰고 있는 것만으로도 잘하고 있는 것입니다. 결과가 나와야 잘하는 건 아닙니다. 지금 잘하고 있는 거 알죠!

그전에 몰랐던 사소한 행복들이 너무 크게 느끼는 비대면시대입니다. 가족, 애인, 친구 지인들과 행복한 추억을 만들 수 있었던 장소들 놀이동산, 공원, 사우나, 영화관, 여행... 그때는 몰랐던 사소한 행복들이 이제는 기약할 수 없는 상황이 되어버렸습니다.

비대면 시대가 사소한 것들이 주는 행복을 다시 느끼게 해주는 상황입니다.

지금 대한민국은 행복 상황이 심각합니다.

극단적인 선택을 하는 사람이 한해 12,000 ~ 13,000명으로 하루에 32 ~ 37명이 극단적인 선택을 합니다. 이혼 건수는 1년 10,000건입니다. 우울, 의욕 상실, 삶의 만족도 저하, 슬럼프 등 모든 것들은 행복하지 않아서 생기는 겁니다. 행복 호르몬인 세로토닌 부족으로 생기는 겁니다. 한해 교통사고 사망자 2,000 ~ 3,000명입니다. 극단적인 선택이 교통사고 보다 4배가 더 많고 4배가 더 무서운 것인데 우리는 지금 뭐시 중헌지 모르고 집중을 엉뚱한데 하고 있습니다.

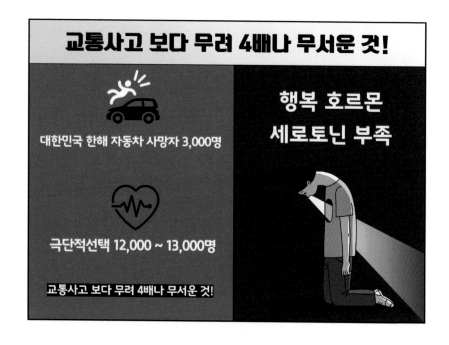

중요한 것에 집중하지 않고 주어진 것에 감사를 못하니 불만, 부정의 비교로 인해서 우울함과 삶에 의욕 저하로 삶의 질이 떨어진다는 겁니다.

사람이 보는 것, 말하는 것, 행동하는 모든 것들은 자신의 행복을 위해서 합니다. 사람이 하는 모든 행위들은 결국 자기 자신이 행복하기 위해서입니다.

한마디로 인생을 사는 이유가 뭐에요? 행복하기 위해서 사는 것입니다.

돈, 사랑, 인간관계, 여행, 취미, 운동, 공부, 자기계발, 자신 분야 전문가가 되기 위한 노력 등 모든 행동의 결과는 행복하기 위해서입니다.

20,000명 상담하면서 알게 된 것은 행복 운전면허증도 없으면서 차를 먼저 살려고 한다는 것입니다.
왜 그럴까요? 차(현실, 물질적인 것)만 있으면 행복할 거 같기 때문입니다.

세상, 현실, 주위 사람들의 주둥이 파이터들로 인해서 차, 물질적인 것에 집착하게 만들고 세뇌를 시킵니다.
대부분 사람들이 행복 운전을 거꾸로 하고 있습니다.
"행복 운전면허증 있나요? 없어요! 먼저 차를 사고 싶어요!" 행복한 인생을 살려면 행복 면허증을 먼저 취득해야만 행복한 인생 운전을 할 수 있습니다.

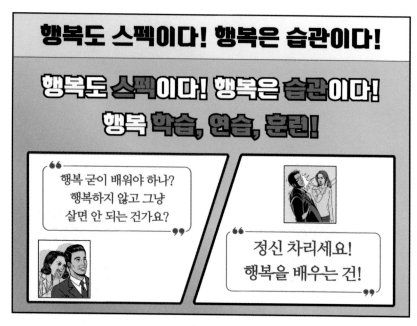

"행복 운전면허증 굳이 있어야 하나요? 행복 굳이 배워야 하나요? 행복하지 않고 그냥 살면 안 되는 건가요?" 정신 차리세요!

행복을 배우는 건!
인생을 이렇게 살아야 되는구나. 알게 해줍니다.
사랑을 이렇게 해야 되는구나. 알게 해 줍니다.
인간관계를 이렇게 해야 되는 거구나. 알게 해줍니다.
하는 일을 이렇게 해야 즐거운 거구나. 알게 해줍니다.
나답게 사는 것이 이렇게 사는 거구나. 알게 해줍니다.
내가 사는 이유가 이거였구나! 알게 해줍니다.

세계에서 대한민국이 행복 꼴찌인 이유? 내가 지금 행복하지 않는 이유? 단언컨대 행복 학습, 행복 연습, 행복 훈련을 하지 않아서입니다.
행복도 스펙이고 행복은 습관입니다.

세상에 가장 바보는 돈 때문에 가족을 잃는 사람이다!

돈만 많으면 가족, 자녀, 다 같이 행복할 줄 알았습니다.

15년 전 빚 있을 때가

현재 자산 13억 있을 때보다 더 행복했습니다.

HELP

— 상담 스토리

저의 지금 상황이 자산, 13억 중소기업 사장, 1남1녀 중둘 다 명문대 재학 중이고 아내는 가정주부입니다.
극단적인 생각을 하고 있습니다. 앞만 보고 악착같이 달

려왔습니다. 집을 사기 위해, 빚을 갚기 위해, 가족 여행
도 한 번도 안 가고 돈만 넉넉해지면 부부 관계,가족들
관계 다 좋아 질 줄 알았습니다. 그래서 다 뒤로 미루었
습니다. 나중에 다 보상 받을 거 생각하고 돈만 있으면
돈만 많이 벌면 그것들다 하겠노라고 했지만 지금은 삶
의 이유가 사라졌습니다.

경제적으로 안정은 되었는데 부부 관계, 가족 관계가 좋
아지지 않았습니다. 가족들 때문에 내 행복을 다 미루고
악착같이 했는데 가족들 관계라는 것이 부부 관계라는
것이 다 때가 있는데 그 때를 놓쳐 가족들과의 관계, 행
복이 단절되어 버렸습니다.

나는 도대체 왜 사는가? 이제는 살아야 할 이유를 모르
겠습니다. 지금 경제적으로 여유로울 때 보다 15년 전
빚 많았을 때가 더 행복했습니다.
너무 미뤘습니다. 돈만 있으면 다 될 줄 알았는데....

세상에서 가장 무거운 것? 가장의 어깨
우주에서 가장 무거운 것? 워킹맘의 어깨

이런 스토리를 들으면 "가족 관계, 부부 관계 필요 없어
요! 돈만 많이 벌었 으면 좋겠다." 라고 생각하는 분도
있을 것입니다. 사람의 심리가 얼마나 간사한지 아십니
까?

"돈이 많으면 또 부부 관계, 가족 관계가 소홀하다고 하
고 돈이 필요 없어 가족 관계, 부부 관계가 좋았으면 좋

겠어!" 이런 말을 합니다.

"가족 관계, 부부 관계가 좋으면 뭐라고 말하는지 아세요?" 돈만 많이 벌어다 줬으면 하고 또 이렇게 말을 합니다.

돈이 필요 없다고 말씀해드리는 게 아닙니다.
당연히 행복하기 위해서는 돈이 기본적으로 필요합니다.
그래서 그분에게 이렇게 말을 했습니다.

"얼마나 노력해 보셨습니까?" 라고 여쭤보니 6개월 정도 노력 해봤는데 안 됐다고 합니다.
15년 동안 마음의 문을 닫아 버렸는데 6개월 한다고 열리겠습니까? 15년 동안 가족에게 소홀했던 거 앞으로 15년은 걸릴 거라고 생각하고 먼저 다가가고 먼저 노력을 해야 합니다. 가장, 아빠, 남편으로서 책임감을 가지고 꾸준히 해야 합니다.
남은 삶은 부부 관계, 자녀 관계 회복이라는 마음가짐으로 살면 됩니다. 삶의 이유가 없으면 새로운 삶의 이유를 만들면 되는 겁니다.
"삶의 이유를 다시 만들면 된다." 라는 생각을 전혀 못했다고 합니다.

이분은 자기 손톱 밑에 가시가 아프다 보니 주위를 못 본 겁니다. 그 말을 듣고 그분이 너무나도 죄송하다고 극단적인 선택을 생각했던 게 부끄럽다고 쪽팔린다고 하면서 나잇값을 못해서 죄송하다고 말을 했습니다.

극단적인 선택을 생각하는 건 나이와 상관없습니다. 그런 생각이 들었을 때 도움을 받기 위해서 누군가 한데 전화해서 물어보고 배우기 위해서 알아보는 행동이 더 중요합니다. "고맙습니다! 정말 고맙습니다!" 극단적인 선택은 하지 않겠다고 말을 하면서 마무리했습니다.

자기의 상황이 아무것도 해결이 안 된다고 생각이 들 때 누군가의 한 마디로 인해서 180도로 생각의 전환이 될 수도 있습니다.
혼자 해결 하려고 하지 마시고 혼자 판단하려고 하지 마세요!

지금 sns속 사람들의 쇼윈도 행복으로 인해서 상대적 불만, 상대적 불행으로 인해서 자신의 행복을 도둑맞고 있습니다.

이런 상황에서 자신의 행복을 지켜 줄 수 있는 착한 사람들을 구해 주는 히어로가 지금 절실하게 필요한 상황이고 행복히어로가 필요합니다.

행복 히어로

★★★★★★★

사소한 것이라도 상대방을 위해 행동하는 사람은 행복히어로다!

세종대왕은 한글을 만들어 국민의 영웅이 되었습니다. 이순신 장군은 23전 23승을 걷어 국민의 영웅이 되었습니다. 박세리, 박찬호는 1997년 IMF 때 지치고 성난 국민들에게 위로와 희망을 주어 국민의 영웅이 되었습니다. 김연아는 피켜 불모지, 박태환은 수영 불모지에서 금메달을 따내 국민들에게 희망, 가능성을 줘 국민의 영웅이 되었습니다. BTS는 세계에 K팝을 알려 국민의 영웅이 되었습니다. 지금 다들 힘들고 어려운 상황으로 다운된 분위기를 임영웅의 트로트가 위로가 되어 국민의 영웅이 되었습니다.

우리는 모두 누군가의 히어로인거 아시죠?

자신의 맡은 바 임무를 최선을 다하면 히어로입니다.
가족의 건강을 챙기는 가정주부 히어로, 가족의 생계를
지키는 가장의 히어로, 자녀로서 부모를 공경하고 학업
에 충실하면 학생 히어로입니다. 히어로는 행복을 주는
사람입니다.

거창한 행복이 아니어도 좋습니다. 자기 자신에게 상대
방에게 사소한 사탕 하나라도 상대방을 위해서 하는 모
든 행동은 히어로입니다. 행복히어로가 되어 자신의 행
복을 스스로 지켜야 됩니다. 한마디로 방탄행복을 만들
어야 합니다.

자신, 가족 행복을 지금 세상, 현실, SNS에게 뺏기고 있
습니다. 그 행복을 뺏기지 않고 지킬 수 있는 방탄행복
을 만들어야 합니다.

8강에서 행복 학습, 연습, 훈련 시작합시다.
행복할 때를 기다릴 것인가 행복할 때를 만들어 갈 것
인가?

행복도 스펙입니다. 행복은 습관입니다.

자신의 무한한 가능성을

방탄자기계발사관학교에서 시작하세요!
150년 a/s,관리,피드백 함께하겠습니다!

4장 방탄행복

Google 자기계발아마존

자기계발코칭전문가
8강
나다운 행복 만들기
학습, 연습, 훈련

죽을 때까지 3가지? 빼고는
모든 것을 학습, 연습, 훈련해야 합니다!

| 1. 죽음 | 2. 숨 쉬는 것 | 3. 나이 |

학습, 연습, 훈련 **반복!**
자생능력
(혼자서 할 수 있는 능력)

양질전환 법칙!

책 12권 출간

책 2,000권 독서

20,000명 상담, 코칭

43년간
습관 204가지 만듦

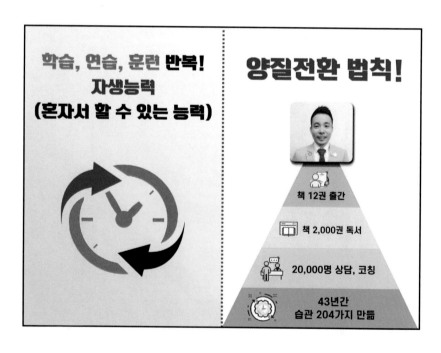

8강 방탄행복 나다운 행복 만들기 학습, 연습, 훈련

행복히어로 (교재)
행복 초등학생 15 ~ 16

포토샵으로 인생 행복 편집하자

포토샵으로 인생 행복 편집하자

인생 편집 프로그램?　　멘탈 편집 프로그램?

얼굴 편집 프로그램?　　사랑 편집 프로그램?

최고의 행복 편집 프로그램?

인생 편집 프로그램이 있다라면?
얼굴 편집 프로그램이 있다라면?
멘탈 편집 프로그램이 있다라면?
사랑 편집 프로그램이 있다라면?
최고의 행복 편집 프로그램이 있다 라면?
당신은 포토샵 보다 좋은 최고의 편집 프로그램을 가지고 있다?

인생 편집 프로그램은 "혼자 잘 먹고 잘 살자! 가 아니라 우리 함께 잘 먹고 잘 살자!" 라는 태도로 사는 것입니다.

얼굴 편집 프로그램은 거울뉴런 효과인 김치, 참치, 꽁치, 멸치, 개구리, 병아리...

거울 뉴런(Mirror neuron)이란 무엇일까요? 거울 뉴런은 이름처럼 다른 사람의 행동을 거울처럼 반영한다고 해서 붙여졌습니다. 특히 특정 움직임을 행할 때나 다른 개체의 특정 움직임을 관찰할 때 활동하는 신경세포입니다. 옆 사람이 하품하면 내가 따라 하게 되는 것이나, 영화를 볼 때 주인공이 울거나 슬퍼하면 나도 슬퍼하는 공감 능력, 부부가 서로 닮아가게 되는 모든 현상이 이

러한 거울 뉴런이 반응하는 현상입니다. 또, 거울 신경 세포는 어떠한 행동이 특정한 물체를 향해 목적을 가지고 움직일 때, 그 둘의 상호 작용에 대해서만 활성화된다고 합니다. 아무 행동에 대해서 무조건 반응하는 것이 아니라, 어느 정도 따라할 수 있는 행동에 대해서만 반응하는 경향이 있습니다. 예를 들어 원숭이의 거울 뉴런은 사람의 행동에는 반응했지만, 사람이 도구를 사용해서 하는 행동에는 반응하지 않았다고 합니다.

- 출처: 네이버 지식백과 -

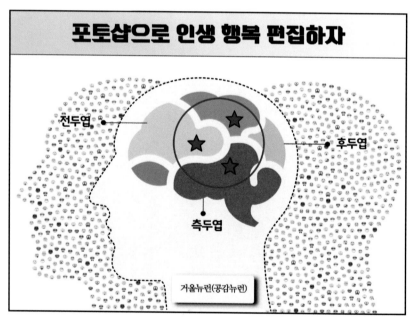

거울뉴런은 행복한 인생을 사는 데 가장 중요합니다. 거

울뉴런은 공감뉴런이라고 합니다.

옆에 있는 사람이 하품을 하면 나도 하품이 나오고 옆 사람이 눈물 흘리면 슬픈 감정이 생겨서 나도 덩달아 눈물을 흘리며 웃는 사람, 행복한 사람 보거나 소리를 들으면 미소가 지어지고 기분이 좋아지는 것들이 거울 뉴런, 공감뉴런 때문입니다.

사람이 살아가면서 소리, 행동들이 뇌 속에 저장 되어 있기에 내가 하고 있지 않아도 앞에 있는 사람이 소리, 행동을 하면 거울뉴런이 반응을 하게 되어 감정이 전염, 감정전이가 됩니다. 그래서 밝은 표정, 웃는 표정, 웃는 소리를 의도적으로 억지로 만들어내더라도 효과가 있습니다.

대한민국 5,200만 명 중 5,200망 명 다 아는 "행복해서 웃는 게 아니라 웃다 보니 행복한 거다." 하지만 이유는 모른체 살았습니다. 이유를 정확히 알려 드리겠습니다. 거울뉴런 때문에 행복해서 웃는 게 아니라 웃다 보니까 행복 호르몬이 나와서 행복해지는 것입니다. 더 깊이 들어가면 예전에 뇌에 저장돼 있는 웃음 소리, 행동으로 인해서 뇌가 반응을 하는 것입니다.

웃음의 효능!

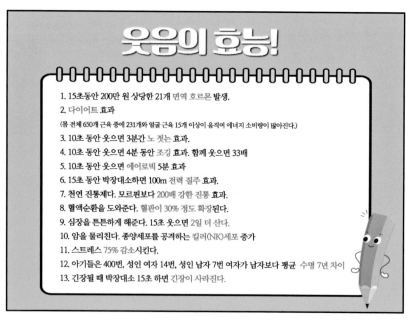

1. 15초동안 200만 원 상당한 21개 면역 호르몬 발생.

2. 다이어트 효과

(몸 전체 650개 근육 중에 231개와 얼굴 근육 15개 이상이 움직여 에너지 소비량이 많아진다.)

3. 10초 동안 웃으면 3분간 노 젓는 효과.

4. 10초 동안 웃으면 4분 동안 조깅 효과. 함께 웃으면 33배

5. 10초 동안 웃으면 에어로빅 5분 효과

6. 15초 동안 박장대소하면 100m 전력 질주 효과.

7. 천연 진통제다. 모르핀보다 200배 강한 진통 효과.

8. 혈액순환을 도와준다. 혈관이 30% 정도 확장된다.

9. 심장을 튼튼하게 해준다. 15초 웃으면 2일 더 산다.

10. 암을 물리친다. 종양세포를 공격하는 킬러(NK)세포 증가

11. 스트레스 75% 감소시킨다.

12. 아기들은 400번, 성인 여자 14번, 성인 남자 7번 여자가 남자보다 평균 수명 7년 차이

13. 긴장될 때 박장대소 15초 하면 긴장이 사라진다.

억지웃음도 90%가 효과가 있다는 것이 과학적으로 증명이 되었습니다. 그래서 의도적으로 밝은 표정, 긍정의 행동, 긍정적인 말을 해야 합니다.

필자가 거울뉴런을 알기에 자기계발코칭전문가 영상 중간 중간에 의도적으로 웃는 것입니다. 15년 동안 웃음(행복)학습, 연습, 훈련을 했습니다.
웃음 학습, 연습, 훈련으로 필자의 인상과 얼굴 표정이 어떻게 바뀌었는지 사진으로 보여주겠습니다.

29살 때와 지금의 얼굴은 580도 달라졌고 표정만 달라진 것이 아니라 인생을 사는 이유, 인생을 바라보는 태도가 달라졌습니다. 행복(웃음) 학습, 연습, 훈련으로 무엇이 바뀌었는지 사진으로 보여 주겠습니다. 참고해서 나답게, 당신답게 학습, 연습, 훈련 하세요.

멘탈 편집 프로그램은 "그럴 수도 있지, 그러려니 하자" 공식처럼 외우고 다녀야 합니다. 앞에서 말했던 이국종 교수님이 우울증에 빠졌을 때 스스로 셀프 치료 했던 말이 "어쩔 수 없다!"였습니다.

※. 벤틸레이션 효과, 마음 청소 효과, 굴뚝청소 효과: 벤틸레이션이란 환기라는 뜻으로 굴뚝 청소를 떠올리면 된다. 굴뚝이 막혀 있으면 연기가 밖으로 나가지 않고 집안으로 들어와 집이 엉망이 된다. 그래서 꽉 막힌 감정을 그때그때 뚫어줘야 문제가 생기지 않는다. 말하는 것만으로 효과가 있는 것이다.

사랑 편지 프로그램은 "우리는 맞지 않아!" "그래서 내가 먼저 맞춰 갈게!" 공식처럼 외우세요!

고슴도치와 거북이 사랑 스토리
고슴도치가 여자, 거북이가 남자입니다. 거북이가 좋다고 고슴도치에게 다가갑니다. 하지만 가시에 계속 찔리는 겁니다. 그래서 고슴도치가 말을 합니다.
"우린 맞지 않아. 너에게 상처를 주고 있어. 우리 헤어지자"
그럼 보통 사람들은 어떻게 하죠? "그래 우린 맞지 않아. 헤어지자 나랑 비슷한 거북이 만나야겠다."

90%는 이런 말을 하고 헤어집니다. 그런데 거북이는 달랐습니다. 거북이 자신 등에 똑같지는 않지만 비슷한 칫솔을 묶어서 "내가 맞춰 갈게!" 말을 하며 다가갔습니다. 맞춰가려는 노력, 행동이 중요합니다. 스드메보다 1,000배 중요한 결혼 준비? 30분 만에 끝나는 결혼식 준비에 집착하지 말고 결혼 생활 100년을 위해 준비, 학습, 연습, 훈련에 집중하자! <클래스101>검증된 원 포인트 클래스 영상 참고하세요!

방탄사랑은 스펙이다!

아내  남편

방탄사랑은 스펙이다!

아내 방탄사랑 남편

방탄사랑

원포인트 클래스 ❷

방탄 사랑 스펙 쌓기! 사랑 사용 설명서!

심리 · 방탄자기계발 전문가

최고의 행복 편집 프로그램은 세상, 현실, 주위 사람들이 말하는 기준이 아닌 나답게, 나다움을 만들어 가는 것입니다.

남들이 주로 많이 하려고 하는 것은 줄이고 절제하며 남들이 안 하려고 하는 것, 꺼려하는 것을 좀 더 하자!

행복히어로 (교재)
행복 중학생 25 ~ 26

행복 곳간(창고)

20,000명 상담, 코칭하면서 알게 된 행복의 비밀!

행복 곳간에는 좋은 것보다 안 좋은 게 더 많습니다. 행복이라는 것은 "좋은 거야! 설레이는 거야! 즐거운 거야! 신나는 거야!"라고 느끼는 좋은 것이 90%고 안 좋은 것이 10%가 아닙니다.

행복의 본질은 반대입니다. 안 좋은 것이 90%이고 좋은 것이 10%입니다.

안 좋은 것이 더 많은 이유가 뭘까요? 이 짧은 시간에 설명한다는 게 쉽지 않습니다. 10시간도 부족합니다. 공식처럼 외우셔야 합니다. 대부분 사람들은 수학 공식을 이해하고 외우지 않습니다. 무조건 외우고 난 다음에 공식을 대입해서 풀다보면 이해가 되는 것입니다.

인생을 살다보면 이해되는 것은 10%밖에 되지 않습니다. 이해되는 상황보다 이해가 안 되는 상황이 더 많습니다.

고기만 먹는다고 몸이 건강해지는 게 아닙니다. 채소만 먹는다고 몸이 건강해지는 것 또한 아닙니다.

골고루 먹어야 몸이 건강해진다는 삶의 진리는 누구나 알 것입니다.

어른이(어른+아이)들이 어린이들에게 늘 하는 말이 있

습니다. "골고루 먹어라, 편식하지 말아라" 정작 어른이
(어른+아이)들은 행복을 편식하고 있습니다.

자신에게 행복한 일만, 즐거운 일만, 기쁜 일만, 좋은 일
만, 마음에 드는 일만 생겼으면 하는 사람들이 대부분입
니다.

몸이 행복하려면 고기, 채소를 골고루 먹어야 듯 행복하
려면 불행 한일, 슬픈 일, 나쁜 일, 자신에게 마음에 안
드는 일이 생기는 것도 "나에게 필요해서 생기는 것이
다." 라는 마음으로 행복을 학습, 연습, 훈련을 해야 합
니다.

행복히어로 (교재)
행복 고등학생 54 ~ 55

행복 손님, 고난 손님 역경 손님, 불행 손님

행복한 사람은 고난, 역경, 불행 손님을 잘 접대하기 위해 평상시 행복 손님이 오래 머물 수 있도록 준비를 합니다. 고난, 역경, 불행 손님을 잘 접대해서 오래 머물지 않도록 하는 방법은 무엇일까요?

행복 손님이 찾아왔습니다. 어떻게 오셨냐고 물어보니 당신이 불렀다고 합니다. 며칠 머물 거냐고 하니 1박2일이라고 합니다.

고난, 역경, 불행 손님이 찾아왔습니다. 어떻게 오셨냐고 물어보니 당신의 불렀다고 합니다. 며칠 머물 거

냐고 물어보니 14박15일 이라고 합니다.

행복 손님들은 오래 머물지 않기에 자주 올 수 있도록 행복을 학습, 연습, 훈련을 해야 합니다.

고난, 역경, 불행 손님은 오래 머물기에 자주 오지 못하도록 고난, 역경, 불행을 극복하는 학습, 연습, 훈련을 해야 합니다

고난, 역경, 불행을 극복하는 학습, 연습, 훈련이란?

자자자자멘습긍(자존존감, 자신감, 자기관리, 자기계발, 멘탈, 습관, 긍정)과 연관된, 영상, 글, 책을 보고 메모하고 실천하며 자자자자멘습긍과 연관된 사람들과 어울

리는 것입니다.

생활 속에서 실천 할 수 있는 고난, 역경, 불행을 학습, 연습, 훈련 하는 방법은 최보규 자기계발 전문가의 204 가지 습관을 참고하세요!

자동차는 20,000 ~ 30,000개
손목시계는 100 ~ 200개
스마트폰은 50 ~ 100개
부품들이 합쳐져서 움직인다.

최보규는 204가지 습관들이 모여서
나다운 인생, 나다운 행복을 만들어 간다!

듣는 것은 0.1초, 본 것은 1초
메모하고 행동한 것만 100년 간다!
학습, 연습, 훈련 반복!
자생능력 생길 때까지! (혼자서 할 수 있는 능력)

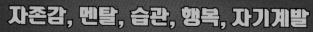

자존감, 멘탈, 습관, 행복, 자기계발

$$x_1 + x_2 = -\frac{b}{a}$$
$$x_1 \cdot x_2 = \frac{c}{a}$$

세상 모든 공식들

학습, 연습, 훈련하는 공식!

3:7 공식

$$x_1 + x_2 = -\frac{b}{a}$$
$$x_1 \cdot x_2 = \frac{c}{a}$$

3:7 공식

30%

(유명 인사, 인지도 있는 사람들, 성공한 사람들 공식 10개 중 3개만 벤치마킹)

70%

(시행착오, 대가 지불, 인고의 시간을 통한 자신의 경험)

책 12권 출간

책 2,000권 독서

20,000명 상담, 코칭

**43년간
습관 204가지 만듦**

최보규 자기계발 전문가의 204가지
자존감, 멘탈, 습관, 행복, 자기계발
학습, 연습, 훈련하는 방법
204가지 중 바로 실천할 수 있는 것
3가지 벤치마킹 시작으로
나다운 공식을 만들어 가세요!
세상 모든 것이 변해도
나다운 공식은 변하지 않습니다.

책 12권 출간

책 2,000권 독서

20,000명 상담, 코칭

43년간
습관 204가지 만듦

아는 것이 힘인 시대는 끝났다.
머리로만 알고 있는 것은 아는 게 아니다.
내 것이 아니다. 쓰레기다.
1%라도 실천, 행함이 있어야만
그것을 안다라고 말할 자격이 있는 것이다.
배운 대로 살지 않으면
아무것도 아는 것이 아니다.
가르친 대로 살지 않으면
아무것도 가르치지 않는 것이다.

책 12권 출간

책 2,000권 독서

20,000명 상담, 코칭

43년간
습관 204가지 만듦

작은 일도 무시하지 않고 최선을 다해야 한다.
작은 일에도 최선을 다하면 정성스럽게 된다.
정성스럽게 되면 겉에 배어 나오고
겉에 배어 나오면 겉으로 드러나고
겉으로 드러나면 이내 밝아지고
밝아지면 남을 감동시키고
남을 감동시키면 이내 변하게 되고 변하면 생육된다
그러니 오직 세상에서 지극히 정성을 다하는 사람만이
나와 세상을 변하게 할 수 있는 것이다.
– 중용 23장 –

방탄자기계발 신조

들어라 하지 말고 듣게 하자.
누구처럼 살지 말고 나답게 살자.
좋아하게 하지 말고 좋아지게 하자.
마음을 얻으려 하지 말고 마음을 열게 하자.
믿으라 말하지 말고 믿을 수 있는 사람이 되자.
좋은 사람을 기다리지 말고 좋은 사람이 되어주자.
보여주는(인기) 인생을 사는 것이 아닌 보여지는(인정) 인생을 살아가자.
나 이런 사람이야 말하지 않아도 이런 사람이구나 몸, 머리, 마음으로 느끼게 하자.
–최보규 방탄자기계발 창시자 –

1. 전신 장기기증
2. 유서 써놓기
3. 꿈 목표 설정
4. 영양제 챙기기
5. 꿀 챙기기
6. 계단 이용
7. 8시간 숙면
8. 취침 4시간 전 안 먹기
9. 기상 후, 자기 전 스트레칭 10분
10. 술,담배 안 하기
11. 하루 운동 30분
12. 밀가루 기름진 음식 줄이기
13. 자극적인 음식 줄이기
14. 얼굴 눈 스트레칭
15. 박장대소 하루 2회
16. 기상 직후 양치질 물먹기
17. 물 7잔 마시기
18. 밥 먹는 중 물 조금만
19. 국물 줄이기
20. 밥 먹고 30후 커피 마시기
21. 기상 직후 책 듣기
22. 한달 책 15권 보기
23. 책 메모하기
24. 메모 ppt 만들기
25. SNS 캡처 자료수집
26. 강의 자료 항상 찾기
27. 좋은 글 점심때 보내기
28. 사랑의 전화 봉사
29. 주말 유치원 봉사
30. 지인 상담봉사
31. 강의 재능기부
32. 사랑의 전화 후원
33. 강의자료 주기
34. TV 줄이기
35. 부정적인 뉴스 줄이기
36. 솔선수범하기
37. 지인들 선물 챙기기
38. 한달 한번 등산
39. 몸에 무리 가는 행동 안 하기
40. 하루 감사 기도 마무리
41. 탄산음료, 과일쥬스 줄이기
42. 아침 유산균 챙기기
43. 고자세
44. 스마트폰 소독 2번
45. 게임 안 하기
46. SNS 도움 되는 것 공유
47. 전단지 받기
48. 긍정, 멘탈 사용설명서 도구 스티커 나눠주기
49. 학습자 선물 주기
50. 강의 피드백 해주기
51. 자일리톨 원석 먹기 하루3개
52. 찬물 줄이고 물 미온수 먹기
53. 소금물 가글
54. 알람 듣고 바로 일어나기

최보규 자기계발 전문가의
자존감, 멘탈, 습관, 행복, 자기계발 학습, 연습, 훈련하는 방법 204가지
2008년 ~ 현

55. 오전 10시 이후 커피 먹기
56. 믹스커피 안 먹기
57. 강의 족보 주기
58. 강의 동영상 주기
59. 강의 녹음파일 주기
60. 블로그 좋은 글 나누기
61. 인스턴트 음식 줄이기
62. 아이스크림 줄이기
63. 빨리 걷기
64. 배워서 남주자 실천(PPT)
65. 읽어서 남주자 실천(책 속의글)
66. 오른손으로 하기
67. 오늘도손 오손 왼손 캠페인 전파하기
68. 운전 중 스마트폰 안 보기
69. 취침 전 30분 독서
70. 취침 전 30분 스마트폰 안 보기
71. 오늘이 마지막인 것처럼 섬기고 영원히 살 것처럼 배우기
72. 자존심 신발장에 넣어 두고 나오기
73. 내가 받은 상처는 모래에 새기고 내가 받은 은혜는 대리석에 새기기
74. 어제의 나와 비교하기
75. 어제 보다 0.1% 성장하기
76. 세상에서 가장 중요한 스펙? 건강, 태도 실천하기
77. 나방이 되지 않기
78. 마라톤 10주 프로그램 시작
79. 마라톤 5km 도전
80. 마라톤 10km 도전
81. 마라톤 하프 도전
82. 마라톤 풀코스 도전
83. 자기 전 5분 명상
84. 뱃살 스트레칭 3분
85. 아침 동기부여 사진 보내기 8시
86. 저녁 동기부여 사진 보내기 9시
87. 나의 1%는 누군가에게는 100%가 될 수 있다. 실천
88. 150세까지 지금 몸매, 몸 상태 유지 관리
89. 아침 달걀 먹기
90. 운동 후 달걀 먹기
91. 헬스장 등록
92. 오래 살기 위해서가 아니라 옳게 살기 위해 노력하는 사람이 되자
93. 남들이 하는 거 안 하기 남들이 안 하는 거 하기

최보규 자기계발 전문가의
자존감, 멘탈, 습관, 행복, 자기계발 학습, 연습, 훈련하는 방법 204가지
2008년 ~ 현

94. 아침 결명자차 마시기
95. 저녁 결명자차 마시기
96. 폼롤러 스트레칭
97. 어제보다 나은 내가 되자
98. 남들이 안 하는 강의 분야 도전
99. 플랭크 운동
100. 스쿼터 운동
101. 계산할 때 양손으로 주고받고 인사
102. 명함 거울 선물 주기
103. 40살 되기 전 책 출간
104. 반100년 되기 전 책 5권 집필하기
105. 유튜브[나다운TV] 강사심폐소생술
106. 유튜브[나다운TV] 나다운심폐소생술
107. 아.원.때.시.후.성.실 말 줄이기
108. 나다운 강사 책 유튜브 올려 함께 잘되기
109. 리플랫으로 동기부여 시켜주기
110. 아침 8시 동기부여 메시지 만들어 보내기
111. 저녁 9시 동기부여 메시지 만들어 보내기
112. 어플 책 속의 한줄에 책 내용 올리기
113. 책 내용 SNS 오픈
114. 3번째 책 원고 작업 시작
115. 4번째 책 자료수집
116. 뱃살관리 스트레칭 아침, 저녁 5분
117. 3번째 책 기획출판계약
118. 최보규강사사관학교 시작
119. 최보규강사사관학교 지회 원장 임명
120. 올노(올바른 노력)공식 오픈
121. 행복, 방탄멘탈 공식 자자자자멘습긍 오픈
122. 생화 네 일 클로버 선물 주기
123. 세바시를 통해 극단적인선택 예방 전파!
124. 세바시를 통해 자자자자멘습긍 사용설명서 전파!
125. 4번째 책 원고 시작 2021년 1월 출간 목표!
126. 전염성이 강한 상황 왔을 때 대처하기 위한 준비!
127. 코로나19 극복을 위한 공적 마스크 떼고 어르신들 주기!

128. 아내를 위해 앉아서 소변보기
129. 들으라 하지 말고 듣게 하자
130. 좋은 사람이 되지 말고 좋은 사람 되어주자.
131. 좋아하지 말고 좋아지게 하자
132. 보여주는 (인기)인생을 사는 것보다 보여지는 (인정)인생을 살아가자.
133. 나 이런 사람이야 말하지 않아도 이런 사람이구나 느끼게 하자.
134. 마음을 얻으려 하지 말고 마음을 열게 하자.
135. 믿으라 하지 말고 믿게 하자
136. 나의 행복 순위는 아내의 행복이다! 일어나서 자기 전까지 모든 것 아내에게 집중!
137. 아내 말을 잘 듣자! 하는 일이 잘 된다!
138. 아버지가 어머니에게 이렇게 대했으면 하는 남편이 되겠습니다. 매형들이 누나들에게 이렇게 대했으면 하는 남편이 되겠습니다.
139. 눈나 몸은 아내꺼다. 빌려 쓰는 거다! 담배, 술, 몸에 무리가 가는 모든 것 자제 하고 건강관리, 자기관리 하겠습니다.
140. 아내의 은혜를 보답하기 위해 머리, 가슴, 몸으로 실천하겠습니다!

141. 아내에게 받은 사랑(내조) 보답하기 위해 머리, 가슴, 몸, 돈으로 실천하겠습니다.
142. 아내를 몸, 마음, 돈으로 평생 웃게 해서 호강시켜주겠습니다.
143. 아내를 존경하겠습니다. 세상에 아내 같은 여자 없습니다.
144. 아내 빼고는 모든 여자는 공룡이다! 정신으로 살겠습니다.
145. 많은 사람들에게 인정받는 남편이 아닌 아내에게 인정받는 남편이 되기 위해 먼저 맞추는 남편이 되겠습니다.
146. 아내에게 무조건 지겠습니다.
이기려 하지 않겠습니다. 아내 앞에서는 나직성자체를 내려놓겠습니다. (나이, 직급, 성별, 자존심, 체면)
147. 지저분한 것(음식물 쓰레기, 화장실 청소)다 하겠습니다.
148. 함께하는 한 가지을 위해 개인 생활 10가지를 감수하겠습니다.
149. 최강자학습지 시작 (최보규의 감사학습지, 자기계발학습지)
150. 효코 시작(집에서 화상 1:1 케어)
151. 불자의 인생 시작
152. 나는 복덩어리다. 나는 운이 좋은 사람이다.
153. 베스트셀러 3권 달성 노하우 책쓰기 교육 시작
154. 유튜브, 유튜버 100년 하는 노하우 교육 시작

155. 방탄멘탈마스터 양성 시작
156. 나다운 방탄멘탈 책으로 극단적인 선택 줄이기
157. 아침 8시, 저녁9시 방탄멘탈공식 SNS 공유
158. 5번째 책 2022년 나다운 방탄사랑
159. 2023 나다운 책 쓰기(100년 가는 책)
160. 2024 나다운 책 쓰기(100년 가는 책)
161. 2025 유튜버가 아니라 나튜버 (100년 가는 나튜버)
162. 2026 나다운 강사3(Q&A)
163. 2027 나다운 명언
164. 2029 나다운 인생(50살 자서전)
165. 줌 화상기법 강의, 코칭(최보규감사관학교)
166. 언택트(비대면)시대에 맞게 아날로그 방식 80%를 디지털 방식 80%로 체인지
167. 변기 뚜껑 닫고 물 내리기
168. 빨래개기
169. 요리하기, 요리책 내기 위한 자료 수집
170. 화장실 물기 제거

171. 부엌 청소, 집 청소, 화장실 청소
172. 사랑해 100번 표현하기
173. 아내에게 하루 마무리 안마 5분 해주기
174. 헌혈 2달에 1번
175. 헌혈증 기부
176. 네 번째 책 행복 히어로 책 출간
177. 극단적인 선택률, 이혼률 낮추기 위한 교육 시작
178. 행복률 높이기 위한 교육 시작
179. 다섯 번째 책 원고 작업 시작
180. 여섯 번째 책 자료 수집
181. 운전 중 양보 해줄 때, 받을 때 목례로 인사하기.
182. 다섯 번째 책 나다운 방탄습관블록 출간
183. 습관사관학교 시스템 완성
184. 습관 코칭, 교육 시작
185. 아침 8시, 저녁 9시 습관 메시지 sns 공유
186. 습관 전문가 되어 무료 케어 상담 시작
187. 습관 콘텐츠 유튜브<행복히어로>에 무료 오픈 시작

188. 여섯 번째 책 원고 작업 시작
189. 최보규상(대한민국 노벨상) 버킷리스트 설정
190. 2037년까지 운영진, 자금(상금), 시스템 완성 목표 설정
191. 최보규상을 1,000년 동안 유지하기 위한 공부
192. 일곱 번째 자존감 책 원고 작업
193. 여덟 번째 책 쓰기 책 자료 수집, 공부
194. 앉아서 일 할 때 50분의 한번 건강 타이머 누르기
195. 세계 최초 자기계발쇼핑몰(www.자기계발아마존.com)
196. 온라인 건물주 분양 시작(월세, 연금성 소득 올릴 수 있는 시스템)
197. 일곱, 여덟 번째 책 출간(나다운 방탄자존감 명언 Ⅰ, Ⅱ)
198. 자기계발코칭전문가 1급, 2급 자격증 교육 시작
199. 방탄자기계발사관학교 Ⅰ, Ⅱ, Ⅲ, Ⅳ 4권 출간
200. 2021년 목표였던 9권 책 출간 달성!
201. 하루 3번 호흡 스펙 습관 쌓기 시작
(코 8초 마시고, 5초 멈추고, 입으로 8초 내뱉기)
202. 장모님께 출간한 책 12권 드리기
203. 2022년 최보규의 책 쓰기9 원고 작업 시작
204. 100만 프리랜서들 도움주기 위한 프로젝트 시작

행복히어로 (교재)
행복 전문학사 72 ~ 73

행복은 영화가 아니라 드라마다?

영화 같은 행복을 바라시나요? 드라마 같은 행복을 바라시나요? 둘 다 해피엔딩 일까요?

행복은 영화가 아니라 드라마다! 무슨 뜻일까요?
영화처럼 2~3시간 안에 즐거움, 기쁨, 슬픔, 아픔, 설렘, 감동, 고난, 역경, 불행, 시행착오, 대가 지불, 스트레스, 우울, 배신, 믿음, 신뢰, 불안, 공포, 자괴감... 한번에 느끼게 해주는 것이 아닙니다.

행복은 드라마처럼 16부작으로 나누어져서 조금씩 조금씩 느끼며 알게 되는 것입니다.

나다운 행복 드라마는 10,400부작(1주일 2부작×52주 ×100년)이기에 하루하루에 집중(학습, 연습, 훈련)을 해야지만 나다운 행복 드라마를 이해할 수가 있습니다.

드라마처럼 마지막 회에 마지막에 행복이 있는 것이 아닙니다. 한 주 속에 행복이 있는 것입니다.

행복이란 영화처럼 2~3시간 안에 모든 것을 때려 부어서 느끼는 게 아니라 드라마처럼 한 주 한 주 조금씩 조금씩 느끼는 게 행복입니다.

그래서 오늘 행복은 내일로 이 월의 안 되는 것입니다. 오늘 행복에 집중하세요!

행복히어로 (교재)
행복 학사 107 ~ 108

움직이지 않으면 행복이 녹슨다?

움직여야 되는 것을 가만히 나두면 모든 게 녹슬고 고장이 납니다.

기계, 행복, 사람이든 움직이라고 만들어졌습니다.

움직이지 않으면 다 녹습니다. 녹슨다는 건 뭘까요? 죽어 간다는 겁니다.

왜 그럴까요? 날고 있는 비행기보다 땅에 머무는 비행기가 더 위험합니다. 비행기는 하늘을 날기 위해서 만들어졌습니다.

땅에 머무는 비행기는 하늘을 나는 비행기보다 빠르게 녹슬고 고장이 납니다.

행복도 가만히만 있고 움직이지 않으면 행복도 녹슬고 고장이 난다는 것입니다.

비행기는 날기 위해서 만들어졌고, 자동차는 달리기 위해 만들어졌고, 사람은 행복하기 위해 만들어졌기에 행복하려면 움직여야 합니다.

행복하려면 움직여야 하는데 혼자서는 쉽지 않습니다. 그래서 행복을 학습, 연습, 훈련 해야지만 쉽게 움직일 수 있습니다.

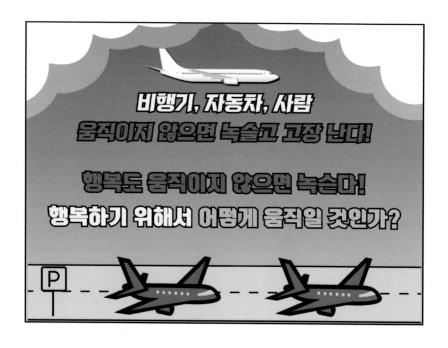

행복히어로 (교재)
행복 석사 171 ~ 172

행복을 꽃처럼 관리하자!

행복은 꽃이다? 하루하루 관리를 안 하면 꽃처럼 시듭니다. 꽃도 생명이 있듯 행복 또한 생명이 있습니다. 그래서 정성을 다해서 가꿔야 되고 보살펴야 합니다.

행복을 꽃처럼 관리하자!
꽃 관리를 비교해서 행복 관리하는 방법을 설명하겠습니다.

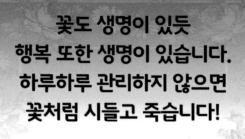

꽃도 생명이 있듯
행복 또한 생명이 있습니다.
하루하루 관리하지 않으면
꽃처럼 시들고 죽습니다!

꽃을 오래 보관하는 방법!
행복을 꽃처럼 관리하는 방법!

꽃을 오래 보관하는 방법!

첫 번째 화병에 탄산수와 물을 3:7 섞습니다. 탄산수가 없으면 사이다도 괜찮습니다. 탄산의 산 성분으로 인해서 세균을 막아 줍니다.

행복 유통기한을 늘리는 방법!

첫 번째, 행복 비율은 100% 좋은 일이 생겨야 행복이 아닙니다. 좋은 30%, 안 좋은 일 70%가 행복의 비율입니다.

꽃을 오래 보관하는 방법!

두 번째, 실내 온도가 너무 높거나 바람이 많이 통하는 곳에 꽃을 두면 증발량이 높아져 수분 부족 현상이 나타나니 서늘하고 그늘진 곳에 보관합니다.

행복 유통기한을 늘리는 방법!

두 번째, 만나는 사람들 중 부정적인 사람은 멀리해야 합니다. 부정적인 사람들 때문에 긍정의 수분이 증발 합니다. 긍정 수분 부족 현상이 일어날 수 있기에 부정적인 사람은 될 수 있으면 만나지 말고 거리두기를 해야 합니다.

꽃을 오해 보관하는 방법!

세 번째, 줄기 끝은 대각선으로 자릅니다. 면적이 넓어져서 물을 잘 흡수합니다.

행복 유통기한 늘리는 방법!

세 번째, 행복을 오래 유지하려면 행복한 사람과 넓은 관계를 하기 위해서 돈, 시간 투자를 해서 자주 관계를 맺어야 합니다. 주위에 행복해 보이는 사람이 아니라 행복한 사람을 찾아야 합니다. 그런데 찾기가 쉽지 않습니다. 내가 행복하지 않으면 주위에 행복한 사람이 없는 게 당연합니다.

세상에 이런 일에 나올 법한 사람들이 행복한 사람들입니다. 행복한 사람 찾는 건 로또와 같은 거죠?
주마다 로또 당첨된 사람들은 자주 나오는데 내 주위에는 없습니다.

행복한 사람 찾을 수 있는 가장 간단한 방법? 세상에서 가장 쉬운 방법? 행복의 하이클래스를 가지고 있는 방탄행복을 창시한 저와 함께 하는 것입니다.

"세계 최초"

4차 산업 시대, 4차 행복 시대 행복 성형이 인생의 답은 아니지만 정답에 가장 가까운 답이 행복 성형이라는 것을 명심하세요!

기계를 고쳐써도 사람은 고쳐 쓰는 게 아니다! 하지만 행복 고쳐 쓸 수 있다. 사랑 고쳐 쓸 수 있다. 지금 시작하면 고쳐 쓸 수 있지만 내일 시작하면 고쳐 쓸 수 없다는 것을 명심하세요! 4차 행복 시대 4차 행복으로 성형하세요!

행복 성형 전문가!

당신의 행복이
세상씨, 현실씨에게
성형 당하게 가만히 있을 건가요?
더 늦기 전에 행복 히어로를
(Happy Hero) 찾아 오세요!

최보규
Happy Hero
행복 성형 전문가

행복히어로 (교재)
행복 박사 218 ~ 219

머리, 수염, 손톱 관리하듯 행복 관리

수염, 손톱 관리는 혼자 할 수 있습니다. 돈을 지불해서 네일아트를 받을 수도 있고 수염 관리도 받을 수 있습니다.

그런데 대부분 혼자하지만 머리 만큼은 혼자서 못합니다. 헤어샵에서 전문가에게 헤어 관리를 받아야 합니다.

행복 관리는 셀프로 할 수가 없습니다. 행복을 관리하려면 행복 전문가에게 관리를 받아야 합니다.
자생능력이 생길 때까지 행복 관리를 받아야 합니다.

하지만 현실은 어떻습니까? 헤어, 네일아트보다

370,000배 중요한 행복 관리는 하지 않습니다.

네일아트샵에서 돈 주고 손톱 관리 받고, 헤어샵에서 돈 주고 헤어 관리 받고, 손톱, 머리 보다 더더더더더더더~~~ 무엇보다 중요한 더더더더 중요한 행복 관리를 받는 사람이 없습니다.

머리 관리는 헤어샵에서 가위로 관리, 수염 관리는 집에서 면도기, 손톱 관리는 집에서 손톱깎이로 행복 관리는? 말문이 막힐 것입니다.

우리님 표정이 "눈에 안 보이는데 짜식아! 행복을 어떻게 관리해 장난 하냐!" 이런 의문점이 드는 표정입니다?

눈에 보이는데 안 보인다고 착각을 하는 것입니다.
지금 바로 행복을 눈에 보일 수 있게 해주면 행복 관리
하시겠습니까?

자신의 정신 건강을 위해 부정적인 사진, 영상, 글 자제
하는 것이 행복 관리이고 사소한 부정적인 것을 줄이는
것이 행복을 보는 것입니다. 자신의 몸 건강을 위해서
술, 담배, 인스턴트, 탄산음료 줄이는 것이 행복 관리이
고 행복을 보는 것입니다. "행복이 보이십니까?" "그게
행복이야?" 가 아니라 행복인데 행복이 보이지 않다고
착각하고 살았다는 것입니다.

머리, 수염, 손톱 관리를 안 하면 주위의 사람들이 오지
않듯 행복 관리를 안 하면 행복이 오지 않습니다.

행복은 보이는 것인데 만질 수 있는 것인데 세상, 현실
쇼윈도 행복에 가려서 못 보는 것뿐입니다.

최보규 자기계발 전문가의 204가지 행복을 보는, 행복
을 만질 수 있는 습관을 벤치마킹하세요.

당신도 나다운 행복을 만들 수 있습니다 나다운 행복을
볼 수 있습니다

행복히어로 (교재)
행복히어로 257 ~ 258

행복의 마스터키?

당신은 어떤 사람입니까

행복 '테이커(Tacker)' 행복 '매처(Matcher)' 행복 '기버(Giver)'!

행복 '테이커(Tacker)'는 자신이 준 것보다 더 많이 받기를 바라는 사람.
행복 '매처(Matcher)'는 받은 만큼 되돌려준다는 상부상조하는 사람.
행복 '기버(Giver)'는 받은 것과 상관없이 최대한 많은 것을 주는 사람.

20,000명을 상담하면서 알게 된 것은 행복 '테이커 (Tacker)' 인 사람 70%, 행복 '매처(Matcher)' 인 사람 29% 행복 '기버(Giver)' 인 사람 1%입니다.

행복의 마스터키?
행복 '테이커(Tacker)'
행복 '매처(Matcher)'
행복 '기버(Giver)'

행복 '테이커(Tacker)' 인 사람 70%
행복 '매처(Matcher)' 인 사람 29%
행복 '기버(Giver)' 인 사람 1%

- 20,000명 상담, 코칭 데이터 -

그래서 행복한 사람 찾기가 로또 확률(800만 분의 1) 만큼 힘들다는 것입니다.

주위 사람 중에 행복해 보이는 사람은 많은데 행복한 사람은 없습니다. 행복해 보이는 사람은 많잖아요? 널렸잖아요? SNS만 보더라도 "아! 나 오늘 행복해! 어디 왔어! 뭐 먹고 있어!" SNS에 올리는 글 사진들 대부분

90%의 사람들이 쇼윈도 행복이라는 거 아십니까?

SNS가 모두를 불행하게 만든다!
영국의 옥스퍼드 인터넷 연구소는 10세부터 80세까지 8만4,011명의 영국인을 대상으로 소셜 미디어와 삶의 만족도의 상관관계를 조사한 연구 논문을 과학 전문지 네이처 커뮤니케이션즈에 발표했다. 전 연령대에 걸쳐 소셜 미디어 사용이 많을수록 만족도가 떨어졌고 특히 어린 10대 청소년이 가장 뚜렷한 영향을 받는 것으로 확인됐다. 소셜 미디어 사용량 증가와 삶의 만족도 하락 상관관계는 모든 연령대에서 확인됐다. 10대 수준은 아니지만 모든 연령대 성인에게서 사용량이 증가할수록 삶의 만족도는 급감했다. 이 연구는 소셜 미디어의 좋고 나쁨이 아닌 어떻게 사용하는가에 대한 것이다. 연구 결과에서 볼 수 있듯 적당한 사용은 삶의 만족도를 높여준다.

– 출처: <얼리어답터 뉴스에디터> –

행복 기버(Giver)의 태도, 마인드!
넉넉해야 나누는 게 아니다. 나누니까 넉넉해진다.
여유가 있어야 주는 게 아니다. 주니까 여유가 생긴다.

시간이 나서 도와주는 게 아니다. 도와주려고 시간을 낸다.

행복 기버(Giver)가 듣는 평판!
"저 사람은 내가 도와주고 싶게 만들어."
"저 사람은 내가 좋은 사람이 되고 싶도록 만들어."
"다른 사람은 안 돼도 저 사람은 잘 됐으면 좋겠다."
"저 사람이 필요한 게 뭘까?"
"저 사람이 뭔가 부탁하면 무조건 OK"

행복 기버(Giver)는 행복 마스터키를 가지고 있는 사람입니다.

세상에서 유일하게 행복 마스터키를 제작 할 수 있는 최보규 방탄자기계발 전문가가 나다운 행복 마스터키 만들어 드립니다.

당신이 행복하지 않는 이유?

단언컨대

행복 학습, 연습, 훈련을

하지 않아서입니다!

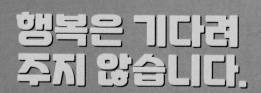

행복은 기다려
주지 않습니다.

지금 당장 상담 받으세요!
행복히어로 최보규 010-6578-8295

자신의 무한한 가능성을

방탄자기계발사관학교에서 시작하세요!
150년 a/s,관리,피드백 함께하겠습니다!

부록

Google 자기계발아마존

방탄자기계발
사관학교

자신의 무한한 가능성을
방탄자기계발사관학교에서 시작하세요!

방탄자존감 사관학교　　방탄행복 사관학교　　방탄멘탈 사관학교　　방탄습관 사관학교

방탄사랑 사관학교　　방탄웃음 사관학교　　방탄강사 사관학교　　방탄책쓰기 사관학교　　방탄유튜버 사관학교

방탄자기계발
심화(1급) 코칭

9개 분야 중 심화 코칭 받고 싶은 분야 선택 가능!

(자존감, 행복, 멘탈, 습관, 사랑, 웃음, 강사, 책 쓰기, 유튜버)

1개 분야 (5시간)	6개 분야 (30시간)
2개 분야 (10시간)	7개 분야 (35시간)
3개 부야 (15시간)	8개 분야 (40시간)
4개 분야 (20시간)	9개 분야 (45시간)
5개 분야 (25시간)	

상담 무료!
최보규 대표
📱 010-6578-8295
nice5889@naver.com

방탄자기계발 내공, 스펙, 값어치

 자기계발 책 2,000권 독서

 20,000명 상담 코칭

 자기계발 책 12권 출간

 44년간 자기계발 습관 204가지 만듦

방탄자기계발
심화(1급) 코칭

9개 분야 중 심화 코칭 받고 싶은 분야 선택 가능!

(자존감, 행복, 멘탈, 습관, 사랑, 웃음, 강사, 책 쓰기, 유튜버)

1개 분야 (5시간)	6개 분야 (30시간)
2개 분야 (10시간)	7개 분야 (35시간)
3개 부야 (15시간)	8개 분야 (40시간)
4개 분야 (20시간)	9개 분야 (45시간)
5개 분야 (25시간)	

상담 무료!
최보규 대표
📱 010-6578-8295
nice5889@naver.com

방탄자존감 자기계발

클래스 1단계	자존감 종합검진
클래스 2단계	방탄자존감 1단계 (자존감 원리 이해)
클래스 3단계	방탄자존감 2단계 (후시딘 자존감)
클래스 4단계	방탄자존감 3단계 (마데카솔 자존감)
클래스 5단계	방탄자존감 실천 동기부여

방탄자기계발
심화(1급) 코칭

9개 분야 중 심화 코칭 받고 싶은 분야 선택 가능!

(자존감, 행복, 멘탈, 습관, 사랑, 웃음, 강사, 책 쓰기, 유튜버)

1개 분야 (5시간)	6개 분야 (30시간)
2개 분야 (10시간)	7개 분야 (35시간)
3개 부야 (15시간)	8개 분야 (40시간)
4개 분야 (20시간)	9개 분야 (45시간)
5개 분야 (25시간)	

상담 무료!
최보규 대표

☎ 010-6578-8295

nice5889@naver.com

방탄행복 자기계발

클래스 1단계	행복 초등학생, 행복 중학생, 행복 고등학생 001강 ~ 030강
클래스 2단계	행복 전문학사 = 031강 ~ 050강 행복 학사 = 051강 ~ 080강
클래스 3단계	행복 석사 = 081강 ~ 100강
클래스 4단계	행복 박사 = 101강 ~ 120강
클래스 5단계	행복 히어로 = 120강 ~ 135강

방탄멘탈 자기계발

클래스 1단계	순두부 멘탈 step 01 ~ step 10 실버 멘탈 step 11 ~ step 20
클래스 2단계	골드 멘탈 step 21 ~ step 30 에메랄드 멘탈 step 31 ~ step 40
클래스 3단계	다이아몬드 멘탈 step 41 ~ step 50
클래스 4단계	블루다이아몬드 멘탈 step 51 ~ step 70
클래스 5단계	나다운 방탄멘탈 step 71 ~ step 115

방탄자기계발 심화(1급) 코칭

9개 분야 중 심화 코칭 받고 싶은 분야 선택 가능!

(자존감, 행복, 멘탈, 습관, 사랑, 웃음, 강사, 책 쓰기, 유튜버)

1개 분야 (5시간)	6개 분야 (30시간)
2개 분야 (10시간)	7개 분야 (35시간)
3개 부야 (15시간)	8개 분야 (40시간)
4개 분야 (20시간)	9개 분야 (45시간)
5개 분야 (25시간)	

상담 무료!

최보규 대표

☎ 010-6578-8295

nice5889@naver.com

방탄습관 자기계발

클래스 1단계	나다운 방탄습관블록 공식
클래스 2단계	몸 습관 블록 쌓기
클래스 3단계	머리 습관 블록 쌓기
클래스 4단계	마음(방탄멘탈)습관 블록 쌓기
클래스 5단계	자신 습관 종합검진 습관 처방전과 실천 동기부여

방탄자기계발
심화(1급) 코칭

9개 분야 중 심화 코칭 받고 싶은 분야 선택 가능!
(자존감, 행복, 멘탈, 습관, 사랑, 웃음, 강사, 책 쓰기, 유튜버)

1개 분야 (5시간)	6개 분야 (30시간)
2개 분야 (10시간)	7개 분야 (35시간)
3개 분야 (15시간)	8개 분야 (40시간)
4개 분야 (20시간)	9개 분야 (45시간)
5개 분야 (25시간)	

상담 무료!
최보규 대표

📱 010-6578-8295

nice5889@naver.com

방탄사랑 자기계발

클래스 1단계	결혼은 한명이 아닌 세명과 한다. 사랑 본질 학습, 연습, 훈련
클래스 2단계	부부 방탄멘탈 업그레이드 1
클래스 3단계	부부 방탄멘탈 업그레이드 2
클래스 4단계	부부행복 (부부서로 행복히어로 되어주기)
클래스 5단계	부부 13계명 학습, 연습, 훈련 1 부부 13계명 학습, 연습, 훈련 2 (화해의 기술)

방탄웃음 자기계발

클래스 1단계	방탄웃음 원리 이해 (학습, 연습, 훈련)
클래스 2단계	방탄웃음 스팟 기법 (학습, 연습, 훈련)
클래스 3단계	방탄웃음 실전 기법 (학습, 연습, 훈련)
클래스 4단계	방탄웃음 습관 사용설명서 (학습, 연습, 훈련)
클래스 5단계	방탄웃음 실전 강의 청강 (강사료 100만 원 실전 강의)

방탄강사 자기계발

클래스 1단계	강의 시작 집중기법, SPOT 기법 아이스브레이킹 기법, SPOT+메시지기법
클래스 2단계	스토리텔링 기법
클래스 3단계	엑티비티 팀빌딩 기법 (팀 워크, 조직활성화)
클래스 4단계	강사 인성, 매너, 개념, 멘탈 교육 강사 연차 별 준비, 변화 방법! 강사료 올리는 방법!
클래스 5단계	3D.4D 강의 기법. 담당자, 청중, 학습자가 원하는 강의기법

방탄자기계발
심화(1급) 코칭

9개 분야 중 심화 코칭 받고 싶은 분야 선택 가능!

(자존감, 행복, 멘탈, 습관, 사랑, 웃음, 강사, 책 쓰기, 유튜버)

1개 분야 (5시간)	6개 분야 (30시간)
2개 분야 (10시간)	7개 분야 (35시간)
3개 부야 (15시간)	8개 분야 (40시간)
4개 분야 (20시간)	9개 분야 (45시간)
5개 분야 (25시간)	

상담 무료!

최보규 대표

📱 010-6578-8295

nice5889@naver.com

방탄책쓰기 자기계발

클래스 1단계	책 쓰기, 책 출간 의미 부여, 목표, 방향 설정 (5가지 책 출판 장단점)
클래스 2단계	7G (원고, 투고, 퇴고, 탈고, 투고, 강의, 강사)
클래스 3단계	온라인 콘텐츠 연결 기획, 제작
클래스 4단계	디지털 콘텐츠 연결 기획, 제작
클래스 5단계	자신 분야 연결 제2수입, 제3수입 발생 무인 시스템 기획, 제작

방탄자기계발
심화(1급) 코칭

9개 분야 중 심화 코칭 받고 싶은 분야 선택 가능!

(자존감, 행복, 멘탈, 습관, 사랑, 웃음, 강사, 책 쓰기, 유튜버)

1개 분야 (5시간)	6개 분야 (30시간)
2개 분야 (10시간)	7개 분야 (35시간)
3개 부야 (15시간)	8개 분야 (40시간)
4개 분야 (20시간)	9개 분야 (45시간)
5개 분야 (25시간)	

상담 무료!
최보규 대표
☎ 010-6578-8295
nice5889@naver.com

방탄유튜버 자기계발

클래스 1단계	유튜브 시작 준비! (채널 100년 목표, 방향, 자신 분야 연결)
클래스 2단계	영상 촬영 방향! (영상 콘셉트, 기획)
클래스 3단계	촬영 기법! (기본 장비, 촬영 도구, 카메라)
클래스 4단계	영상 업로드! (편집프로그램, 영상 편집 기본 세팅)
클래스 5단계	유튜버 인성, 매너, 멘탈, 홍보전략 (유튜버 태도) 자신 분야 연결 제2수입, 제3수입 발생 무인 시스템 기획, 제작

4차 산업시대는
4차 강사인 방탄강사!

커리큘럼

NAVER 방탄자기계발사관학교

클래스명	내용	1급(온,오)
강사 현실	강사 현실(생계형 강사 90% 강사님 강사료가 어떻게 되나요?	1강
강사 준비 1	강사라는 직업을 시작하려는 분들 준비, 학습, 연습, 훈련!	2강-1부
강사 준비 2	강사라는 직업을 시작하려는 분들 준비, 학습, 연습, 훈련!	3강-2부
강사 준비 3	강사라는 직업을 시작하려는 분들 준비, 학습, 연습, 훈련!	4강-3부
1년차 ~ 3년차	1년차 ~ 3년차 경력 있는 강사들 준비, 학습, 연습, 훈련!	5강
3년차 ~ 5년차	3년차 ~ 5년차 경력 있는 강사들 준비, 학습, 연습, 훈련!	6강
5년차 ~ 10년차 1	5년차 ~ 10년차 이상 경력 있는 강사들 준비, 학습,연습, 훈련!	7강-1부
5년차 ~ 10년차 2	5년차 ~ 10년차 이상 경력 있는 강사들 준비, 학습,연습, 훈련!	8강-2부
5년차 ~ 10년차 3	5년차 ~ 10년차 이상 경력 있는 강사들 준비, 학습,연습, 훈련!	9강-3부
5년차 ~ 10년차 4	5년차 ~ 10년차 이상 경력 있는 강사들 준비, 학습,연습, 훈련!	10강-4부
강의, 강사 트렌드	교육담당자, 청중, 학습자가 원하는 강의 강사 트렌드! 2022년 부터 ~ 2150년 강의, 강사 트렌드!	11강
코칭전문가	코칭전문가 10계명(품위유지의무)	12강

"국가등록 민간자격"

★ 자격증명: 강사코칭전문가 2급, 1급
★ 등록번호: 2022-001741
★ 주무부처: 교육부
★ 자격증 종류: 모바일 자격증

강사코칭전문가2급
필기/실기

강사코칭전문가2급 필기시험/실기시험

#. 자격증 검증비, 발급비 50,000원 발생
(입금 확인 후 시험 응시 가능)

▶ 1강~11강(객관식):(10문제 = 6문제 합격)

▶ 12강(주관식):(10문제 = 6문제 합격)

▶ 시험 응시자 문자, 메일 제목에 자기계발코칭전문
가2급 시험 응시합니다.
최보규 010-6578-8295 / nice5889@naver.com

▶ 네이버 폼으로 문제를 보내주면 1주일 안에 제출!
합격 여부 1주일 안에 메일, 문자로 통보!
100점 만점에 60점 안되면 다시 제출!

강사코칭전문가1급 필기/실기

강사코칭전문가1급 필기시험/실기시험

강사코칭전문가2급 취득 후 온라인(줌)1:1, 오프라인1:1 선택! 강사 종합검진후 맞춤 집중 코칭! 2급과 동일하게 필기시험, 실기시험(코칭 비용 상담)

강사코칭전문가2급 커리큘럼

클래스명	내용	1급(온,오)
강사 현실	강사 현실(생계형 강사 90% 강사님 강사료가 어떻게 되나요?	1강
강사 준비 1	강사라는 직업을 시작하려는 분들 준비, 학습, 연습, 훈련!	2강-1부
강사 준비 2	강사라는 직업을 시작하려는 분들 준비, 학습, 연습, 훈련!	3강-2부
강사 준비 3	강사라는 직업을 시작하려는 분들 준비, 학습, 연습, 훈련!	4강-3부
1년차 ~ 3년차	1년차 ~ 3년차 경력 있는 강사들 준비, 학습, 연습, 훈련!	5강
3년차 ~ 5년차	3년차 ~ 5년차 경력 있는 강사들 준비, 학습, 연습, 훈련!	6강
5년차 ~ 10년차 1	5년차 ~ 10년차 이상 경력 있는 강사들 준비, 학습,연습, 훈련!	7강-1부
5년차 ~ 10년차 2	5년차 ~ 10년차 이상 경력 있는 강사들 준비, 학습,연습, 훈련!	8강-2부
5년차 ~ 10년차 3	5년차 ~ 10년차 이상 경력 있는 강사들 준비, 학습,연습, 훈련!	9강-3부
5년차 ~ 10년차 4	5년차 ~ 10년차 이상 경력 있는 강사들 준비, 학습,연습, 훈련!	10강-4부
강의, 강사 트렌드	교육담당자, 청중, 학습자가 원하는 강의 강사 트렌드! 2022년 부터 ~ 2150년 강의, 강사 트렌드!	11강
코칭전문가	코칭전문가 10계명(품위유지의무)	12강

강사코칭전문가1급 커리큘럼

클래스명	내용	1급(온,오)
집중 기법	강의 시작 동기부여 강의 집중 기법	1강
SPOT 기법	아이스브레이킹 기법 (SPOT+메시지기법)	2강
스토리텔링 기법	집중기법+스토리텔링 기법	3강
강사료UP	강사료 올리는 방법! 강사 인성, 매너, 개념, 멘탈 교육	4강
강의트랜드	담당자, 청중, 학습자가 원하는 강의기법 트랜드	5강

최보규 방탄자기계발 전문가

삼성이 검증된 100가지 기술력

(진정성, 전문성, 신뢰성)　www.방탄자기계발사관학교.com

1	방탄 자존감 코칭 기술	13	방탄 강사 코칭 기술	25	방탄 리더십 코칭 기술	37	종이책 쓰기 코칭 기술
2	방탄 자신감 코칭 기술	14	방탄 강의 코칭 기술	26	방탄 인간관계 코칭 기술	38	PDF책 쓰기 코칭 기술
3	방탄 자기관리 코칭 기술	15	파워포인트 코칭 기술	27	방탄 인성 코칭 기술	39	PPT로 책 출간 코칭 기술
4	방탄 자기계발 코칭 기술	16	강사 트레이닝 코칭 기술	28	방탄 사랑 코칭 기술	40	자격증교육 커리큘럼 으로 책 출간 코칭 기술
5	방탄 멘탈 코칭 기술	17	강사 스킬UP 코칭 기술	29	스트레스 해소 코칭 기술	41	자격증교육 커리큘럼으 로 영상 제작 코칭 기술
6	방탄 습관 코칭 기술	18	강사 인성, 멘탈 코칭 기술	30	힐링, 웃음, FUN 코칭 기술	42	책으로 디지털콘텐츠 제작 코칭 기술
7	방탄 긍정 코칭 기술	19	강사 습관 코칭 기술	31	마인드컨트롤 코칭 기술	43	책으로 온라인콘텐츠 제작 코칭 기술
8	방탄 행복 코칭 기술	20	강사 자기계발 코칭 기술	32	사명감 코칭 기술	44	책으로 네이버 인물등록 코칭 기술
9	방탄 동기부여 코칭 기술	21	강사 자기관리 코칭 기술	33	신념, 열정 코칭 기술	45	책으로 강의 교안 제작 코칭 기술
10	방탄 정신교육 코칭 기술	22	강사 양성 코칭 기술	34	팀워크 코칭 기술	46	책으로 민간 자격증 만드는 코칭 기술
11	꿈 코칭 기술	23	강사 양성 과정 코칭 기술	35	협동, 협업 코칭 기술	47	책으로 자격증과정 8시간 제작 코칭 기술
12	목표 코칭 기술	24	퍼스널브랜딩 코칭 기술	36	버킷리스트 코칭 기술	48	책으로 유튜브 콘텐츠 제작 코칭 기술

49	유튜브 시작 코칭 기술	**62**	유튜브 영상 홍보 코칭 기술	**75**	클래스101 영상 입점 코칭 기술	**88**	클래스U 영상 편집 코칭 기술
50	유튜브 자존감 코칭 기술	**63**	홈페이지 무인시스템 연결 제작 코칭 기술	**76**	클래스101 PDF 입점 코칭 기술	**89**	클래스U 이미지 디자인 제작 코칭 기술
51	유튜브 멘탈 코칭 기술	**64**	홈페이지 자동 결제 시스템 제작 코칭 기술	**77**	클래스101 이미지 디자인 제작 코칭 기술	**90**	클래스U 커리큘럼 제작 코칭 기술
52	유튜브 습관 코칭 기술	**65**	홈페이지 비메오 연결 제작 코칭 기술	**78**	클래스101 영상 제작 코칭 기술	**91**	인클 입점 코칭 기술
53	유튜브 목표, 방향 코칭 기술	**66**	홈페이지 렌탈 시스템 제작 코칭기술	**79**	클래스101 영상 편집 코칭 기술	**92**	자신 분야 콘텐츠 제작 코칭 기술
54	유튜브 동기부여 코칭 기술	**67**	홈페이지 디자인 제작 코칭 기술	**80**	탈잉 영상 입점 코칭 기술	**93**	자신 분야 콘텐츠 컨설팅 코칭 기술
55	유튜브가 아닌 나튜브 코칭 기술	**68**	홈페이지 제작 코칭 기술	**81**	탈잉 PDF 입점 코칭 기술	**94**	자기계발코칭전문가 1시간~1년 코칭 기술
56	유튜브 영상 제작 코칭 기술	**69**	재능마켓 크몽 PDF 입점 코칭 기술	**82**	탈잉 이미지 디자인 제작 코칭 기술	**95**	강사코칭전문가 1시간~1년 코칭 기술
57	유튜브 영상 편집 코칭 기술	**70**	재능마켓 크몽 강의 입점 코칭 기술	**83**	탈잉 영상 제작 코칭 기술	**96**	온라인 건물주 되는 코칭 기술
58	유튜브 울렁증 극복 코칭 기술	**71**	재능마켓 크몽 이미지 디자인 제작 코칭 기술	**84**	탈잉 영상 편집 코칭 기술	**97**	강사 1:1 코칭기법 코칭 기술
59	유튜브 썸네일 디자인 제작 코칭 기술	**72**	재능마켓 크몽 입점 영상 제작 코칭 기술	**85**	탈잉 VOD 입점 코칭 기술	**98**	전문 분야 있는 사람 1:1 코칭 기법 코칭 기술
60	유튜브 콘텐츠 제작 코칭 기술	**73**	재능마켓 크몽 입점 영상 편집 코칭 기술	**86**	클래스U 영상 입점 코칭 기술	**99**	CEO, 대표, 리더, 협회장 품위유지의무 코칭 기술
61	유튜브 수입 연결 제작 코칭 기술	**74**	재능마켓 크몽 VOD 입점 코칭 기술	**87**	클래스U 영상 제작 코칭 기술	**100**	은퇴 준비 코칭 기술

세계 최초! 우주 책임감 150년 A/S, 관리, 피드백
최보규 대표 010- 6578-8295

한 분야 전문가로는 힘든 시대! 온라인 건물주!
자신 분야 삼성(진정성, 전문성, 신뢰성)을 높여
제2수입, 제3수입 발생시켜 은퇴 후 30년을 준비하자!

검증된 클래스101 디지털콘텐츠

 CLASS101 Q

방탄자기계발| ❌ 취소

☰ Creator Center

상품명 검색 Q

 방탄 자기계발! 자기계발 시스템!
● 판매 중 · 원포인트 클래스 · 공개 **1**

 방탄 자존감 스펙 쌓기! 자존감 사용 설명서!
● 판매 중 · 원포인트 클래스 · 공개 **2**

 방탄 사랑 스펙 쌓기! 사랑 사용 설명서!
● 판매 중 · 원포인트 클래스 · 공개 **3**

 습관사용설명서 습관 클래스
● 판매 중 · 원포인트 클래스 · 공개 **4**

검증된 클래스101 디지털콘텐츠

 CLASS101

방탄자기계발| 취소

≡ **Creator Center**

자기계발백과사전
● 판매 중 · 전자책 · 공개

6

방탄자존감! 자존감 사전!
● 판매 중 · 전자책 · 공개

7

방탄자존감! 자존감 사용설명서!
● 판매 중 · 전자책 · 공개

8

강사 백과사전! 강사 사용설명서!
● 판매 중 · 전자책 · 공개

9

행복도 스펙이다! 행복 사용설명서!
● 판매 중 · 전자책 · 공개

10

최보규 방탄자기계발 전문가

검증된 크몽 디지털콘텐츠

  kmong

어떤 전문가를 찾으시나요?

🔍 최보규

#395236

온라인 건물주 되는 방법 알려
드립니다.

300,000원

1

#354416

방탄자존감 학습, 연습, 훈련시켜
드립니다.

20,000원

2

#361095

자기계발 학습, 연습, 훈련시켜
드립니다.

30,000원

3

검증된 크몽 디지털콘텐츠

 kmong

#294884

행복 사용 설명서로 행복케어
멘탈케어 코칭해 드립니다.

20,000원

4

#339149

인생의 산소 자존감 학습, 연습 ,
훈련시켜 드립니다.

20,000원

5

#324745

방탄습관 사용설명서,
습관백과사전, 습관코칭해 드립...

20,000원

6

#289339

강사의 모든 것 강사 백과사전,
강사 사용설명서를 드립니다.

20,000원

7

최보규

📖 전자책 **1**

[튜터전자책]방탄자존감
사전1,2 / 134P+106P

자기 관리 · 최보규

20,000원

📖 전자책 **2**

[튜터전자책]습관백과사전/
방탄습관1=131P ....

인문·교양 · 최보규

20,000원

📖 전자책 **3**

[튜터전자책]행복공식1=138
P . 행복공식2=145P)

인문·교양 · 최보규

22,000원

📹 녹화영상 **4**

당신도 온라인 건물주.
자기계발코칭전문가.영상...

인문·교양 · 최보규

210,000원

검증된 인클 디지털콘텐츠

≡ 인클   방탄자기계발   🔍 👤

노력 자기계발이 아닌 방탄자기계발   ▶

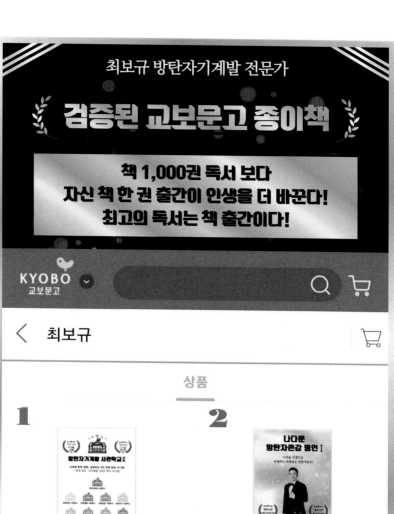

최보규 방탄자기계발 전문가

검증된 교보문고 종이책

책 1,000권 독서 보다
자신 책 한 권 출간이 인생을 더 바꾼다!
최고의 독서는 책 출간이다!

KYOBO
교보문고

최보규

상품

1

[국내도서] 방탄자기계발 사관학
교 Ⅱ (컬러판) [POD]

15,300원

⬇ 0% Ⓟ 450원

🍀 10

2

[국내도서] 나다운 방탄자존감 명
언Ⅰ (컬러판) [POD]

15,100원

⬇ 0% Ⓟ 450원

🍀 10

3

[국내도서] 나다운 방탄습관블록
(컬러판) [POD]

26,500원

⬇ 0% ℗ 790원

🍀 10

4

[국내도서] 나다운 방탄 카피 사
전 (컬러판) [POD]

16,900원

⬇ 0% ℗ 500원

🍀 10

5

[국내도서] 행복히어로 (컬러판)
[POD]

23,000원

⬇ 0% ℗ 690원

🍀 10

6

[국내도서] 나다운 방탄멘탈 : 하
루가 멀다하고 내 멘탈을 흔드는
세상속 <나다운 방탄멘탈>로|...

15,120원

⬇ 10% ℗ 840원

🍀 10

< 최보규

7

[국내도서] 나다운 강사 1 : 강사 내비게이션

13,500원

⬇ 10% Ⓟ 750원

🍀 10

8

[국내도서] 방탄자기계발 사관학교 IV (컬러판) [POD]

13,500원

⬇ 0% Ⓟ 400원

🍀 10

9

[국내도서] 나다운 강사 2 : 강사 사용 설명서

13,500원

⬇ 10% Ⓟ 750원

🍀 10

10

[국내도서] 방탄자기계발 사관학교 III (컬러판) [POD]

15,400원

⬇ 0% Ⓟ 460원

🍀 10

검증된 교보문고 종이책

< **최보규**

[국내도서] 나다운 방탄자존감 명언 II (컬러판) [POD]

15,400원

⬇ 0% ⓟ 460원

🍀 10

[국내도서] 방탄자기계발 사관학교I(컬러판) [POD]

16,900원

⬇ 0% ⓟ 500원

🍀 10

책을 출간한다고 전문가가 되는 건 아니지만 전문가들은 자신 전문 분야 책이 2~3권이 있다!

KYOBO eBook

최보규방탄자기계발전문가

100%

최보규 방탄자기계발 전문가

검증된 유페이퍼 디지털콘텐츠

자신 삼성을 높이는 시작은
(진정성, 전문성, 신뢰성)
책 쓰기, 책 출간이다!

온라인 건물주가
되기 위한 시작은
책 쓰기, 책 출간이다!

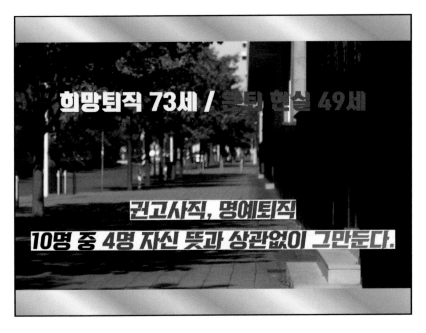

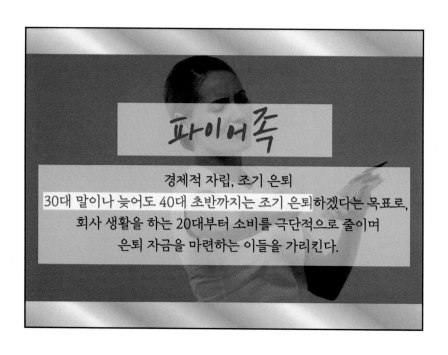

파이어족

경제적 자립, 초기 은퇴
30대 말이나 늦어도 40대 초반까지는 조기 은퇴하겠다는 목표로,
회사 생활을 하는 20대부터 소비를 극단적으로 줄이며
은퇴 자금을 마련하는 이들을 가리킨다.

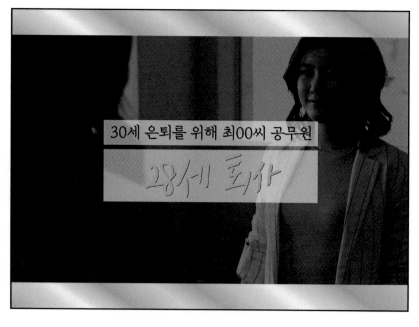

30세 은퇴를 위해 최OO씨 공무원

28세 회사

40세 은퇴를 위해 김00씨 00공기업

35세 퇴사

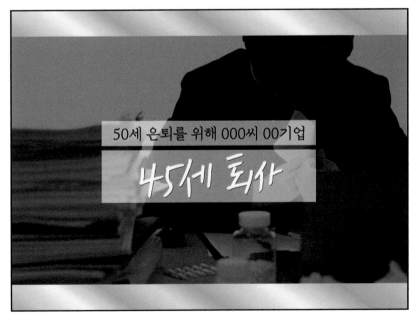

50세 은퇴를 위해 000씨 00기업

45세 퇴사

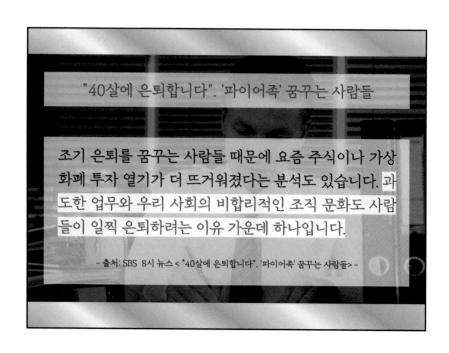

"40살에 은퇴합니다". '파이어족' 꿈꾸는 사람들

조기 은퇴를 꿈꾸는 사람들 때문에 요즘 주식이나 가상 화폐 투자 열기가 더 뜨거워졌다는 분석도 있습니다. 과도한 업무와 우리 사회의 비합리적인 조직 문화도 사람들이 일찍 은퇴하려는 이유 가운데 하나입니다.

- 출처: SBS 8시 뉴스 < "40살에 은퇴합니다". '파이어족' 꿈꾸는 사람들> -

이OO씨 OO대기업
50세 명예퇴직

希望 退職 73세 / 은퇴 현실 49세

55살 ~79살 1500만 명 10년 만에 500만 명이 늘었다.
연금 받는 750만 명
연금을 받더라도 턱없이 부족한 69만 원이다.
1인 가구 최저생계비 116만 원.

- 출처: KBS 뉴스데스크 < 55세~79세 1,500만 명, 은퇴했지만 생활비 벌려고...> -

希望 退職 73세 / 은퇴 현실 49세

사람들은 평균 73세까지 일하길 희망했지만, 현실은 거리가 멉니다.
가장 오래 다닌 직장에서 그만둔 나이는 평균 49세.
사업 부진, 휴·폐업, 권고사직이나 명예퇴직 등
10명 중 4명은 자기 뜻과 상관없이 그만뒀습니다.

- 출처: KBS 뉴스데스크 < 55세~79세 1,500만 명, 은퇴했지만 생활비 벌려고...> -

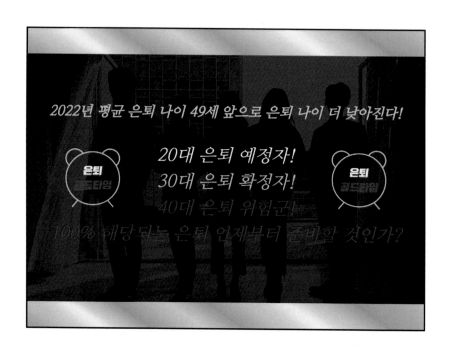

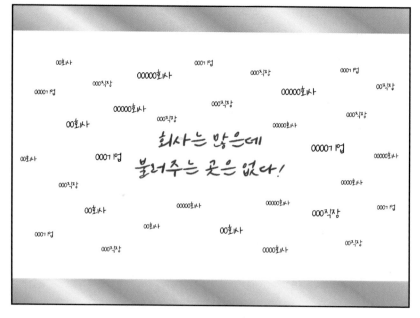

10년, 20년 경력... 인정해 주는 곳은 없고
어떻게 하면 활용, 연결할 수 있을까?

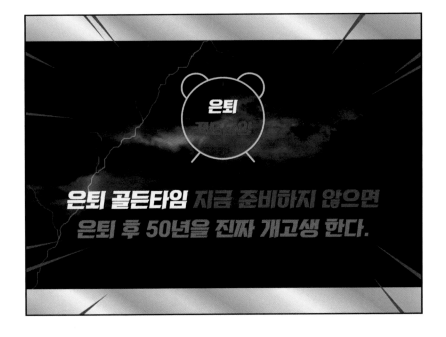

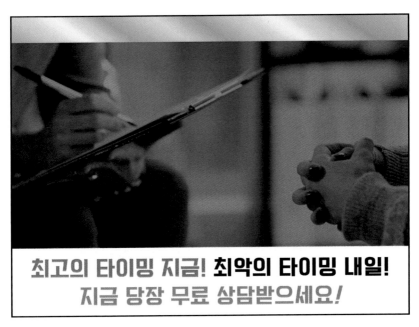

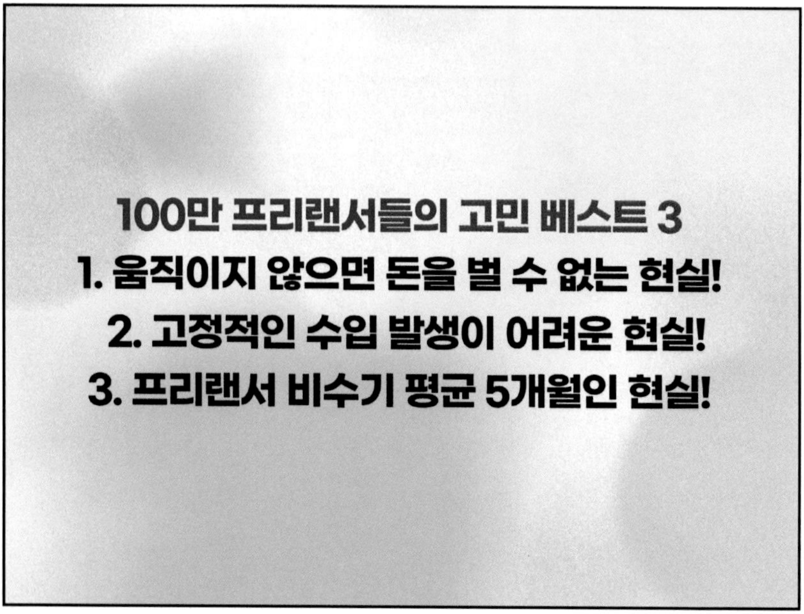

100만 프리랜서들의 고민 베스트 3
1. 움직이지 않으면 돈을 벌 수 없는 현실!
2. 고정적인 수입 발생이 어려운 현실!
3. 프리랜서 비수기 평균 5개월인 현실!

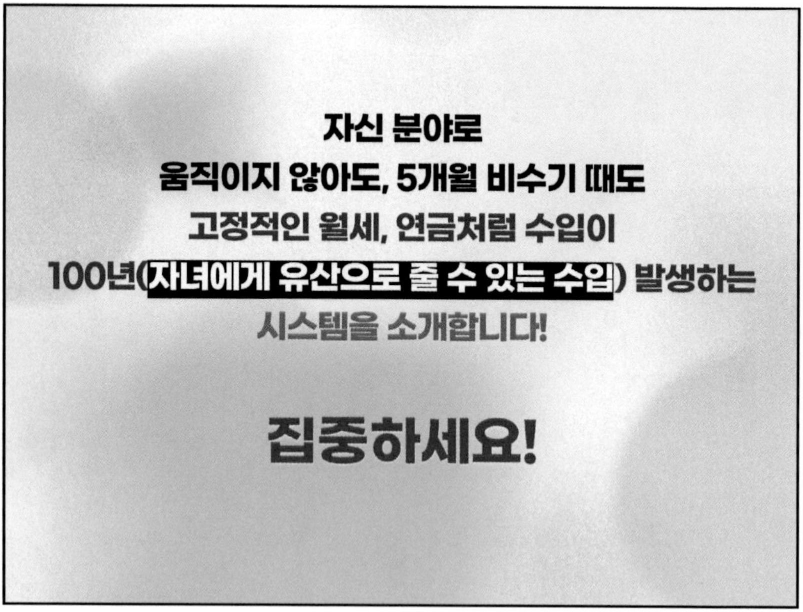

자신 분야로
움직이지 않아도, 5개월 비수기 때도
고정적인 월세, 연금처럼 수입이
100년(자녀에게 유산으로 줄 수 있는 수입) 발생하는
시스템을 소개합니다!

집중하세요!

사무실이 필요 없는 시스템!

직원이 필요 없는 시스템!

휴식 중에도 돈이 들어오는 시스템!

가족들과 여행 중에도 돈이 벌리는 시스템!

자고 일어나면 통장에 돈이 입금되는 시스템!

누구나 바라는 시스템이지만 아무나 만들 수 없고
만들고 싶어도 몇 천만원이 들어가는 시스템!

최보규원장이 그 마음 알기에 함께 잘 먹고 잘 살기 위해
지금 현실, 앞으로 힘든 시기를 극복하는 터닝포인트 기회를 드립니다!

조물주 위에 건물주
다음 생에도 힘든 온라인 건물주가 되세요.

방탄자기계발 컨트롤타워에서
온라인 타워팰리스 분양받으세요!

분양 받기 어렵겠지?

비용이 많이 들겠지?

NOPE

NOPE

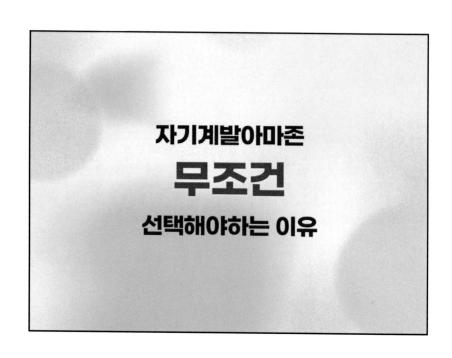

프리랜서 힘들죠? 지치죠?
전문 분야를 만들어 제대로 인정 받고 싶죠?
전국 돌아다니다 보니 몸이 성한 곳이 없죠?
나이가 많아서 불러 주는 사람이 점점 줄어 들고
자신 분야 프리랜서 직업의 미래가 불안하시죠?

100만 명 프리랜서 들의 걱정, 고민 들
세계 최초 자기계발 쇼핑몰을 창시한
최보규 원장이 그 마음들 알기에 함께 잘 살기 위한 시스템인
자기계발아마존에서 극복할 수 있습니다.

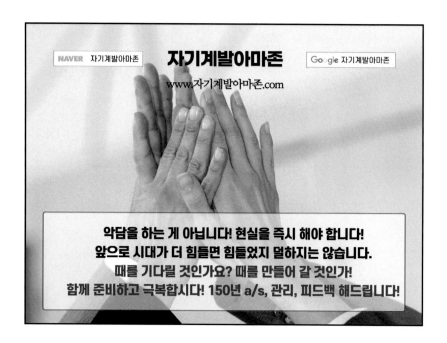

자기계발 아마존! 홈페이지 통합!
(자동 결제 홈페이지 렌탈 서비스!)

언제까지 몸으로만 일할 것인가?

홈페이지가 일하게 하자! 콘텐츠가 일하게 하자!
자동화시스템이 일하게 하자! 자기계발 아마존 초이스!

| NAVER 방탄자기계발사관학교 | ▶YouTube 방탄자기계발 | Google 자기계발아마존 | NAVER 최보규 |

9가지 비교 항목	A사 (플렛폼)	B사 (플렛폼)	C사 (플렛폼)	자기계발 아마존
홈페이지 초기 제작 비용 / 매달 비용	무료 매달 3 ~ 10만 원	100 ~ 200만 원 매달 3 ~ 10만 원	200 ~ 300만 원 매달 3 ~ 10만 원	무료 매달 5만 원
홈페이지 운영, 관리	전문가비용 100 ~ 200만 원	전문가비용 100 ~ 200만 원	전문가 비용 100 ~ 200만 원	무료
자동 / 무인 결제시스템	X (시스템 없음)	제작 비용 100 ~ 200만 원	제작 비용 100 ~ 200만 원	무료
디지털 콘텐츠 제작 촬영, 편집, 상세디자인	X (시스템 없음)	제작 비용 100 ~ 200만 원	제작 비용 200 ~ 300만 원	무료
디지털 콘텐츠 운영 비용 (매달 비용)	X (시스템 없음)	매달 3 ~ 10만 원	매달 3 ~ 10만 원	매달 5만 원
협업을 통한 회원 모집, 교류 시스템	X (시스템 없음)	X (시스템 없음)	X (시스템 없음)	홈페이지 통합 시스템으로 협업으로회원을 모집, 교류, 공유
콘텐츠 개발, 연결 (제2, 제3, 제4 수입 창출)	X (시스템 없음)	X (시스템 없음)	제작 비용 500 ~ 1,000만 원	무료 컨설팅 (기획, 제작) 콘텐츠에 따라 비용 발생
A/S, 관리, 피드백	1년 ~ 2년	1년 ~ 2년	1년 ~ 2년	150년 무료
총 비용	초기 비용 100 ~ 200만 원 매달 비용 3 ~ 10만 원	초기 비용 500 ~ 1,000만 원 매달 비용 5 ~ 20만 원	초기 비용 1,000 ~ 2,000만 원 매달 비용 5 ~ 20만 원	초기 비용 무료 매달 비용 5 ~ 10만 원

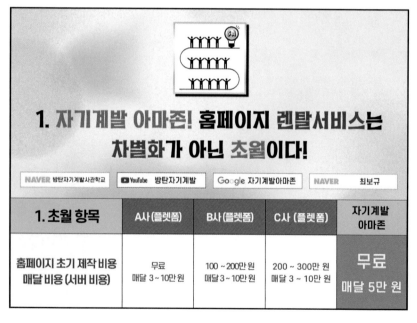

1. 초월 항목	A사 (플렛폼)	B사 (플렛폼)	C사 (플렛폼)	자기계발 아마존
홈페이지 초기 제작 비용 매달 비용 (서버 비용)	무료 매달 3 ~ 10만 원	100 ~ 200만 원 매달 3 ~ 10만 원	200 ~ 300만 원 매달 3 ~ 10만 원	무료 매달 5만 원

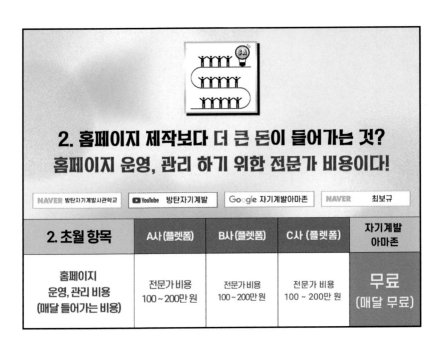

2. 홈페이지 제작보다 더 큰 돈이 들어가는 것?
홈페이지 운영, 관리 하기 위한 전문가 비용이다!

2. 초월 항목	A사 (플렛폼)	B사 (플렛폼)	C사 (플렛폼)	자기계발 아마존
홈페이지 운영, 관리 비용 (매달 들어가는 비용)	전문가 비용 100~200만 원	전문가 비용 100~200만 원	전문가 비용 100~200만 원	무료 (매달 무료)

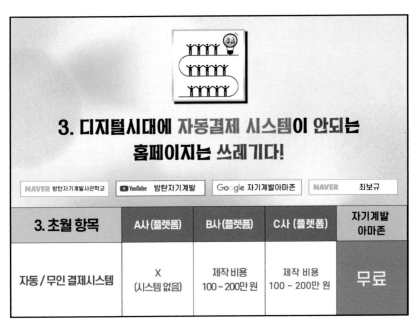

3. 디지털시대에 자동결제 시스템이 안되는
홈페이지는 쓰레기다!

3. 초월 항목	A사 (플렛폼)	B사 (플렛폼)	C사 (플렛폼)	자기계발 아마존
자동 / 무인 결제시스템	X (시스템 없음)	제작 비용 100~200만 원	제작 비용 100~200만 원	무료

4. 디지털시대 자신 분야 촬영, 편집, 디자인 스펙은 이제 선택이 아닌 필수다!

NAVER 방탄자기계발사관학교 ▶YouTube 방탄자기계발 Google 자기계발아마존 NAVER 최보규

4. 초월 항목	A사 (플렛폼)	B사 (플렛폼)	C사 (플렛폼)	자기계발 아마존
디지털 콘텐츠 제작 촬영, 편집, 상세디자인	X (시스템 없음)	제작 비용 100 ~ 200만 원	제작 비용 200 ~ 200만 원	무료

5. 디지털트렌드는 매달 결제로 이루어지는 정액제, 시스템 사용료가 발생한다! (어도비, 포토샵, 넥플릭스, 카카오 이모티콘 플러스, 디즈니플러스....)

NAVER 방탄자기계발사관학교 ▶YouTube 방탄자기계발 Google 자기계발아마존 NAVER 최보규

5. 초월 항목	A사 (플렛폼)	B사 (플렛폼)	C사 (플렛폼)	자기계발 아마존
디지털 콘텐츠 운영, 사용 비용 (매달 비용 발생)	X (시스템 없음)	매달 3 ~ 10만 원	매달 3 ~ 10만 원	매달 5만 원

6. 협회, 단체, 단톡방, 밴드... 많은 모임들을 한 곳에서 자유롭게
교류, 모집, 콘텐츠 공유를 통해 고립되고 있는 모임들 활성화!

6. 초월 항목	A사 (플렛폼)	B사 (플렛폼)	C사 (플렛폼)	자기계발 아마존
협업을 통한 회원 모집, 교류 시스템	X (시스템 없음)	X (시스템 없음)	X (시스템 없음)	홈페이지 통합 시스템 협업으로 회원을 모집, 교류, 공유

7. 앞으로는 자신 분야 한 가지 콘텐츠로 살아남지 못한다.
자신 분야를 연결시킬 수 있는 3 ~ 5개 콘텐츠를 개발하여
무인 시스템이 되는 콘텐츠로 연결시켜 제2, 제3, 제4 수입 창출하자!

7. 초월 항목	A사 (플렛폼)	B사 (플렛폼)	C사 (플렛폼)	자기계발 아마존
콘텐츠 개발, 연결 (제2, 제3, 제4 수입 창출)	X (시스템 없음)	X (시스템 없음)	제작 비용 500 ~ 1,000만 원	무료 컨설팅 (기획, 제작) 콘텐츠에 따라 비용 발생

8. 114처럼 언제든지 물어볼 수 있는
삼성(진정성, 전문성, 신뢰성)이 검증된 전문가가
150년 함께 한다면 자신 분야에서 인정, 변화, 성장할 것이다!

NAVER 방탄자기계발사관학교　▶YouTube 방탄자기계발　Google 자기계발아마존　NAVER 최보규

8. 초월 항목	A사 (플렛폼)	B사 (플렛폼)	C사 (플렛폼)	자기계발 아마존
A/S, 관리, 피드백	1년 ~ 2년	1년 ~ 2년	1년 ~ 2년	150년 무료

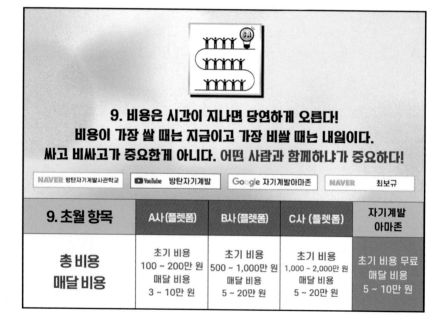

9. 비용은 시간이 지나면 당연하게 오른다!
비용이 가장 쌀 때는 지금이고 가장 비쌀 때는 내일이다.
싸고 비싸고가 중요한게 아니다. 어떤 사람과 함께하냐가 중요하다!

NAVER 방탄자기계발사관학교　▶YouTube 방탄자기계발　Google 자기계발아마존　NAVER 최보규

9. 초월 항목	A사 (플렛폼)	B사 (플렛폼)	C사 (플렛폼)	자기계발 아마존
총 비용 매달 비용	초기 비용 100 ~ 200만 원 매달 비용 3 ~ 10만 원	초기 비용 500 ~ 1,000만 원 매달 비용 5 ~ 20만 원	초기 비용 1,000 ~ 2,000만 원 매달 비용 5 ~ 20만 원	초기 비용 무료 매달 비용 5 ~ 10만 원

온라인 건물주

해보자! 해보자! 이제는 당신 차례!

최보규 타워　　온라인 건물주

자신 분야 디지털콘텐츠 제작으로 100년 월세, 연금 받자!

디지털 플렛폼	디지털 콘텐츠 수입 발생 (무인 시스템)	100년 월세, 연금 발생
자기계발아마존 1층 ~ 3층	온라인 건물주 되는 자격증 교육! 온라인 자기계발전문가2급 자존감, 멘탈, 습관, 행복, 사랑, 웃음, 강사, 책쓰기, 유튜버 9개 분야 코칭	자격증, 재교육, 강사섭외, 코칭 종이책, 전자책 수입 발생
클래스유 4층	자신 분야 삼성(진정성, 전문성, 신뢰성)을 높여 제2수입, 3수입 올리는 방탄자기계발	영상, 자격증, 강사섭외, 코칭 종이책, 전자책 수입 발생
클래스101 5층 ~ 15층	강사 분야, 사랑 분야, 습관 분야, 자존감 분야, 행복 분야, 자기계발 분야 영상 원포인트 클래스 / 전자책	영상, 강사섭외, 코칭 종이책, 전자책 수입 발생
크몽 16층 ~ 22층	강사 분야, 사랑 분야, 습관 분야, 자존감 분야, 행복 분야, 자기계발 분야 영상 / 코칭 / 전자책	영상, 자격증, 강사섭외, 코칭 종이책, 전자책 수입 발생
탈잉 23층 ~ 25층	자존감 분야, 습관 분야, 행복 분야 / 전자책	강사섭외, 코칭 종이책, 전자책 수입 발생
인클 26층	4차 산업시대는 4차 자기계발인 방탄자기계발	영상, 자격증, 강사섭외, 코칭 종이책, 전자책 수입 발생
디지털 서점 27층 ~ 50층	출간한 12권 자기계발서 종이책, 전자책	검증된 전문가 강사료 10배 상승

163

자신 분야 디지털콘텐츠 제작으로
100년 월세, 연금 받자!

언제까지! 몸으로만 일 할 것인가?

자신 분야 무인시스템!
자신 분야 디지털콘텐츠(AI)가 일하게 하자!

전문 분야가 없는데도 가능한가요?

20,000명 상담, 코칭 한
검증된 최보규 전문가가 전문 분야를 만들어 줍니다.

전문 분야는 있는데 엄두가 안 나요?

20,000명 상담, 코칭 한 검증된 최보규 전문가가
맞춤 컬설팅으로 목표, 방향을 잡아 줍니다.

자신 분야 디지털콘텐츠 제작으로
100년 월세, 연금 받자!

자신 분야 책을 출간해서 전문가 될 수 있나요?

자기계발 책 12권 출간해서 50개 디지털콘텐츠로
제작한 노하우를 전수해 드립니다.

출간한 책이 있는데 디지털콘텐츠 만들 수 있나요?

자기계발 책 12권 출간해서 50개 디지털콘텐츠로
제작한 노하우를 전수해 드립니다.

책 쓰기만, 책 출간만 하는 것이 아닌
디지털콘텐츠 제작, 홍보 영상 제작, 책으로 강의 교안 작업
모두 할 수 있는 책 출간 가능한가요?

책 쓰기, 책 출간만 하고 끝나는 것 이 아닌
책으로 할 수 있는 모든 것을 책 쓰기 시작할 때 함께 합니다!
그래서 몇 천 들어가는 비용을 10배 줄여 줍니다.

자신 분야 디지털콘텐츠 제작으로
100년 월세, 연금 받자!

출간한 책으로 강사직업을 할 수 있나요?

책을 출간하면 작가라는 타이틀이 생기고 출간한
책을 교안으로 만들어서 강사 직업까지 할 수 있습니다.
강사 직업 시작 ~ 100년 차 까지 년차별 준비!

강사 직업을 배울 수 있나요? 강사료를 올리고 싶어요?

대한민국 최초 강사 백과사전, 강사 사용설명서를
창시한 검증된 강사 양성 전문가가 강사 직업
시작 ~ 100년 차까지 연차별 트레이닝 시켜 줍니다.

디지털 시대에 가장 중요한 3가지 스펙! 배울 수 있나요?

영상 촬영 편집 기술, 홍보 디자인 제작 기술, 온라인. 디지털 콘텐츠 제작 기술
자기계발 책 12권 출간해서 50개 디지털콘텐츠로
제작한 노하우를 전수해 드립니다.

자신 분야 디지털콘텐츠 제작으로
100년 월세, 연금 받자!

등록한 민간자격증으로 디지털콘텐츠 만들 수 있나요?

한번 제작한 영상으로 평생 수입을
낼 수 있는 디지털콘텐츠 제작할 수 있습니다.

등록한 민간자격증으로 책을 출간할 수 있나요?

자격증 교육 과정 커리큘럼이 있다면
책 출간 80%는 끝났습니다.

강의 분야로 PPT교안으로 책을 출간할 수 있나요?

PPT교안이 있다면
책 출간 80%는 끝났습니다.

당신의 타워　　온라인 건물주

자신 분야 디지털콘텐츠 제작으로
100년 월세, 연금 받자!

늘 그때 뿐인 교육 아닌가요?

우주 최강 책임감! 검증된 최보규전문가가
150년 A/S, 관리, 피드백 함께합니다.

살아온 날로 살아갈 날단정 짓지 말자!

자신을 못 믿겠다면 자신을 믿어주는
최보규 방탄자기계발 전문가를 믿고 시작합시다!

강한 사람, 우수한 사람이 살아 남는 게 아니라
시대에 맞게 변화하는 사람만 살아남는다!

보여줄게! 완전히 달라진 나~~ 보여주세요!

자신이 누구인지!

일반 자격증(99,99%)   방탄자기계발사관학교

일반 자격증(99,99%)	수입 창출 8단계 시스템	방탄자기계발사관학교
10,000개 기관 (등록된 민간 자격증)	수입 창출 8단계 시스템	방탄자기계발사관학교 (등록된 민간 자격증)
오프라인 교육 외 수입 발생 없음	오프라인 수입	오프라인 교육과 디지털, 온라인 콘텐츠 연결 수입 발생
기관대 기관 자격증 교류 극 소수	타기관 자격증 과 협업 수입	기관 대 기관 전문 분야 자격증 과정 교류를 통한 수입 발생
없음 (X) / 비수기 있음	무인 재교육 수입 월세, 연금성 수입	자기계발아마존 무인시스템 비수기가 없음 (사무실, 직원 없음)
없음 (X)	디지털 콘텐츠 월세, 연금성 수입	자격증 과정 영상 제작으로 재능마켓 판매 (클래스101, 클래스유, 크몽, 탈잉, 자기계발 아마존, 오투잡, 인클....)
없음) (X)	온라인 콘텐츠 수입	자기계발 아마존 온라인 시스템 제작한 영상으로 온라인 수입 발생
없음 (X)	자격증 1:1 코칭 수입	코칭전문가 커리큘럼을 통한 특별, 심화, 1:1 코칭 수입 발생
없음 (X)	자격증 책 출간(인세)	자격증 커리큘럼으로 종이책, pdf 책 출간 평생 인세 발생
없음 (X)	홍보, 몸값 상승	재능마켓에서 자동 홍보, 책 출간으로 전문 분야 인정 강사료 상승

ㅇㅅㅇㄱㅁ

ㅈㅈㄱㄱㅁ

인생은게임
자존감게임

게임을 시작합니다!

자존감 게임은

**하루가 멀다 하고 자신 행복을 위협하는
세상, 현실, 사람들로부터
나다운 행복을 지키기 위한 자존감 게임입니다!**

**인생은 게임이다! 세상, 현실, 또라이분들에게
지지(당하지) 않기 위한 12 스펙은 필수!**

인생은 게임이다! 세상, 현실, 또라이분들에게 지지(당하지) 않기 위한 12 스펙은 필수!

01

인생은 게임이다! 자존감 게임!

첫 번째 게임 : 방탄자존감1

NAVER 방탄카피사전

상처 케어

아픈 만큼 성숙해진다? 아프면 환자다!
아픈 것을 극복할 때 성숙해진다.
4차 산업시대에 맞는 4차 힐링, 위로, 격려
4차 자존감은 방탄자존감

02

인생은 게임이다! 자존감 게임!

두 번째 게임 : 방탄자존감2

NAVER 방탄자존감명언

자존감케어

4차 산업시대에 맞는
4차 자존감인 방탄자존감으로 업데이트
방탄자존감은 선택이 아닌 필수!

인생은 게임이다! 세상, 현실, 또라이분들에게 지지(당하지) 않기 위한 12 스펙은 필수!

인생은 게임이다! 자존감 게임!

첫 번째 게임 : 방탄자존감3

NAVER 방탄자존감명언

자존감케어

방탄자존감은 행복, 사랑, 돈, 인간관계, 인생, 꿈 등
이루고 싶은 것을 마법처럼 바꿔준다.
방탄자존감에 답이 있다!

인생은 게임이다! 자존감 게임!

네 번째 게임 : 방탄멘탈

NAVER 방탄멘탈

멘탈 케어

4차 산업시대에 맞는 4차 멘탈로 업데이트!
4차 산업시대에 생기는
우울, 스트레스는 4차 멘탈 업데이트로
치유가 아닌 치료, 극복할 수 있다.

인생은 게임이다! 세상, 현실, 또라이분들에게
지지(당하지) 않기 위한 12 스펙은 필수!

05

인생은 게임이다! 자존감 게임!

다섯 번째 게임 : 방탄습관

NAVER 방탄습관블록

습관 케어

당신이 그토록 찾고 있던 습관 공식!
습관도 레고 블록처럼 쉽고, 즐겁게 쌓자!
물리학계의 천재 아인슈타인
습관계 천재 습관 아인슈타인 최보규

06

인생은 게임이다! 자존감 게임!

여섯 번째 게임 : 방탄행복

NAVER 행복히어로

행복 케어

20,000명을 상담하면서 알게 된 사실!
당신이 행복하지 않는 이유 단언컨대
행복 학습, 연습, 훈련을 하지 않아서다.
행복도 스펙이다!

인생은 게임이다! 세상, 현실, 또라이분들에게 지지(당하지) 않기 위한 12 스펙은 필수!

07

인생은 게임이다! 자존감 게임!

일곱 번째 게임 : 방탄자기계발1

공군사관학교, 해군사관학교, 육군사관학교는 체계적인 시스템 속에서 군인정신 학습, 연습, 훈련을 통해 정예장교(군 리더, 군사 전문가)를 육성하는 학교라면 방탄자기계발 사관학교는 체계적인 시스템 속에서 나다운 자기계발 학습, 연습, 훈련을 통해 배움, 변화, 성장으로 끝나는 것이 아닌 자신 분야 삼성(진정성, 전문성, 신뢰성)을 올리고 자신 분야를 온, 온프라인 무인 시스템과 연결시켜 비수기 없는 지속적인 수입을 올릴 수 있는 시스템을 함께 만들어가는 학교

08

인생은 게임이다! 자존감 게임!

여덟 번째 게임 : 방탄자기계발2

자기계발 케어

세상의 자기계발 못하는 사람은 없다.
다만 자기계발 잘하는 방법을 모를 뿐이다.
4차 산업시대에 맞는 4차 자기계발은
방탄자기계발

인생은 게임이다! 세상, 현실, 또라이분들에게 지지(당하지) 않기 위한 12 스펙은 필수!

09

인생은 게임이다! 자존감 게임!

아홉 번째 게임 : 방탄자기계발3

자기계발 케어

노오력 자기계발이 아닌
올바른 노력을 통한
자생능력(스스로 할 수 있는 능력)을 향상시켜
나다운 인생, 나다운 행복을 만들 수 있다.

10

인생은 게임이다! 자존감 게임!

열 번째 게임 : 방탄자기계발4

자기계발 케어

자기계발도 시스템 안에서 해야지 자생능력이 생겨 오래
지속된다. 이제는 자기계발도 즐겁게, 쉽게, 함께
자기계발 사관학교에서 코칭 받고 150년 관리받자.

인생은 게임이다! 세상, 현실, 또라이분들에게 지지(당하지) 않기 위한 12 스펙은 필수!

인생은 게임이다! 자존감 게임!

열한 번째 게임 : 방탄강사

NAVER 나다운강사1

방탄강사 케어

강사는 누구나 한다!
나다운 강사는 누구도 될 수 없다.
나다운 강사만
강사 직업을 100년 한다!

인생은 게임이다! 자존감 게임!

12 열두 번째 게임 : 방탄강의

NAVER 나다운강사2

방탄강의 케어

세상의 강의 못하는 사람은 없다.
다만 강의 잘하는
방법을 모를 뿐이다.
2021 ~ 2150년 강의 트렌드

○ △ □
인생은게임
자 존 감 게 임

하루가 멀다 하고 자신 행복을 위협하는

세상, 현실, 사람들로부터

나다운 행복을 지키기 위한 게임입니다!

게임을 시작하고 싶다면 상담받으세요!

오징어 게임은 탈락이 있지만 자존감 게임은 탈락이 없습니다!

시작하면 150년 a/s, 관리, 피드백 **(150년 깐부)**

우주 최고 책임감으로 자기계발 주치의가 되어 드립니다.

Thank-you

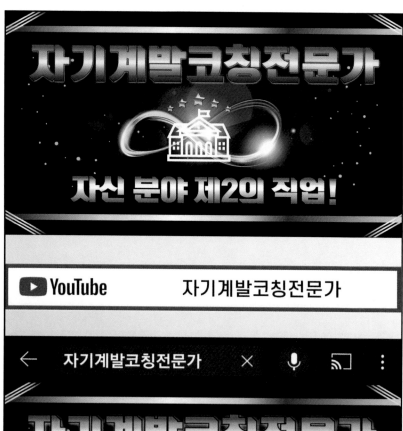

▶ YouTube　　　　자기계발코칭전문가

← 　자기계발코칭전문가　　　×　🎤　📶　⋮

3:07

　자기계발코칭전문가/경력은 스펙이 아니다! 4차　⋮
　　　　산업 시대 자신 분야 전문가 되기 위한 3가지 스펙?

방탄습관 BTS습관 당신이 그토록 찾고 있던 습관 공식

방탄자기계발최보규

지금 인생, 내 분야, 변화하고 싶은데?
계기를 만들고 싶은데?
지금 이대로는 안되겠다고 생각만 하시죠?

지금처럼 살면 안 되는데...
지금부터 살아야 되는데...
때를 기다리면 안 되는데...
때를 만들어 가고 싶은데...

당신의 **자기계발 습관** 은
어떤가요?

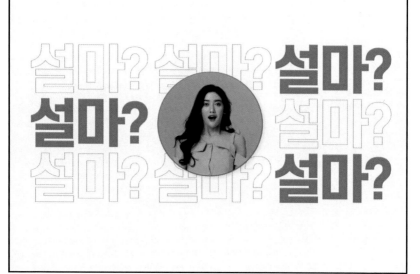

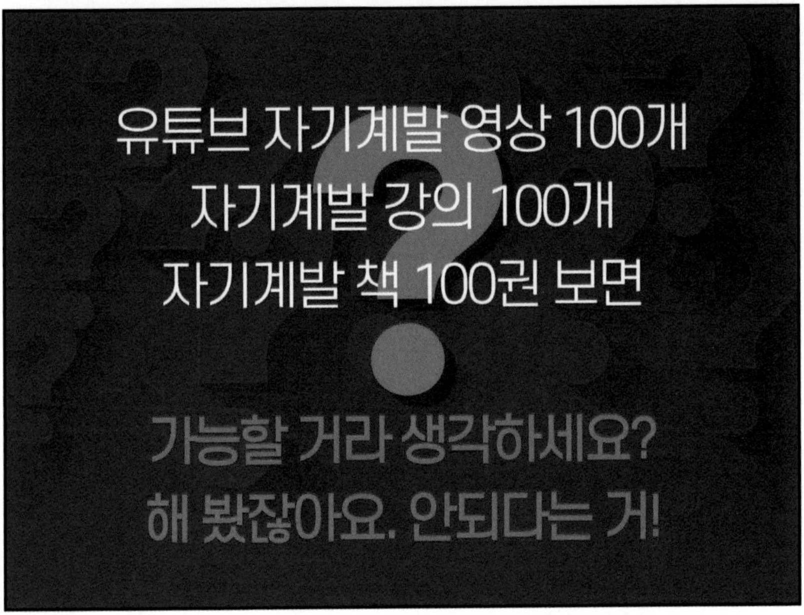

유튜브 자기계발 영상 100개
자기계발 강의 100개
자기계발 책 100권 보면

가능할 거라 생각하세요?
해 봤잖아요. 안되다는 거!

인생을 바꾸는 **방.탄.자.기.계.발.습.관**

기초부터 ━━━━━━━━━━━━━━━

자생능력: 스스로 할 수 있는 능력 ━━━━━

자생능력이
생길 때까지

학습·연습·훈련

방탄자기계발

1:1 코칭
한번 코칭, 회원제로
무한반복 학습·연습·훈련

세계 최초 150년 a/s, 피드백, 관리 시스템!

빠른 상담, 선택이 곧 변화, 성장, 실력 차이!

4차 산업시대에 맞는 4차 인재양성
4차 자기계발인 **방탄자기계발**
선택한 자가

기회를 잡고
변화, 성장 한다!

나다운 인생으로 바꾸는
방탄자기계발 습관으로
바꾸고
싶다면

자기계발아마존에서 방탄자기계발
영상시청, 1:1 코칭이 답이다!

차별화가 아닌 초월 방탄자기계발 학습, 연습, 훈련

우주 최강 책임감!
'세계 최초' 150년 a/s, 피드백, 관리 시스템
인스턴트 인연이 아닌 손 뻗으면 닿는
몸, 머리, 마음 케어를 해주는 주치의가 되어 드립니다.

**강한 사람, 우수한 사람이 살아남는 게 아니다.
시대에 맞게 변화하는 사람만 살아남는다.**

강한 사람, 우수한 사람이 살아남는 게 아니다.
시대에 맞게 변화하는 사람만 살아남는다.

때를 기다리는 사람
때를 만들어 가는 사람
당신 인생의 **주인공은**

바로

당신입니다!

The main character is you.

CKOI
BO
KYU

"어제보다 나은
사람이 되자!"

방탄자기계발 창시자
최보규 원장
010-6578-8295
nice5889@naver.com

197

CONTENTS

임채윤, 유앤아이 잉글리쉬 원장 @solavy_l

대학 시절, 어린 동생 과외로 시작된 영어가 어학원 선생님으로 이어져서 어쩌다 보니 원장을 하고 있습니다. 세계 여러 나라를 여행하면서 아이들의 배움에 대한 열망을 보고 꿈을 키웠습니다. 여행을 통해 영어의 중요성을 깨닫고 그것을 가르치면서 즐거움을 느꼈습니다. 나의 삶의 원동력, 아이들과 함께 놀고, 함께 꿈꾸고, 함께 배우고, 함께 성장하는, 그래서 YOU&I English입니다. 잘하는 것보다 중요한 것은 무언가 재밌어야 합니다. 즐기는 사람은 이길 수가 없다는 말, 다들 아시죠? 즐거움이 크기에 갖은 실패와 어려움에도 금방 회복하고 또 일어섭니다. 우리 함께 좋은 기운으로 힘차게 각자의 자리에서 활기차고 긍정적인 엄마로, 선생님으로 도전하길 바라며 저는 앞으로도 글로벌 인재가 될 학생을 기르는 데 더욱 힘쓰겠습니다.

장희정, 상상팩토리 스튜디오 원장 @pbl_english

상상공장 장공장장입니다. 20년째 즐겁게 사는 사람들이 가득한 교육 공간에서 아이들의 미래를 상상하며 사랑을 담은 교육 포트폴리오를 제작하며 살아가고 있습니다. 대한민국에서 365일 프로젝트 수업으로 오늘을 함께 기획하고 내일은 실행하는 아이들로 키우는 재미에 푹 빠져있습니다. 자신의 재능을 발견하고 배움이 행복한 사람들이 서로를 위해주며 한마음으로 공부하는 아름다운 아일랜드에서 상상팩토리 어학원 리더로 살아가며 여전히 매일 꿈을 꾸고 자라서 무엇이 될지 미래가 매우 궁금한 드리머입니다.

"Learn from yesterday, live for today, hope for tomorrow.
The important thing is not to stop questioning." - Albert Einstein

신미선, 신디 영어교실 원장 @osong_english

　집이 곧 나의 일터이고, 일터가 곧 나의 집인 것은 한시도 가만히 있질 못하는 나에겐 나의 많은 이름들을 소화해 내기 적당히 좋은 곳입니다. 하고 싶은 것도, 좋아하는 것도 많지만 그만큼 부지런하지 못해, 내가 소화할 수 있는 만큼만 하며 살아가고 있습니다. 열정은 가득하지만 야망은 없는 작은 공부방을 운영하고 있는 영어선생님, 그리고 엄마입니다.
선생님으로서, 엄마로서, 아내로서, 가르치며 배우고 매일 성장하고 있습니다. 언젠가는 나만의 공간에서 또 다른 나의 꿈을 더 화려하게 펼쳐볼 날을 기대하며 매일 배우고, 노력하며 하루하루 후회 없이 살아가고 있습니다.

이보미, 이화영어 원장 @teachererica7

　18년 전 평범한 회사원을 꿈꾸다가 "English Grammar in Use"를 만났습니다. 그리고, 대한민국 대표 영어 강사가 되기로 결심했습니다. 유아 시기의 언어습득 방법을 배운 유치원 파견 강사, 영어의 4대 영역 확장을 배운 어학원 강사, 중, 고등 내신, 수능 영어를 배운 입시학원 강사, 공교육의 커리큘럼을 배운 초등학교 영어 전담 강사가 18년 동안 제 명함이었습니다. 현재는 이화여자대학교 테솔 대학원에서 영어교수법을 전공하고 3세부터 고3 수능까지 어학과 입시 영어를 가르치는 영어교육전문가입니다. 그리고, 아이들의 인생멘토, 영어교육 작가, 영어 콘텐츠 제작자, 영어교육 인플루언서가 되기 위해 매일 성장 중입니다.

작가소개

김보라, 쏘피 클래스 원장 @sophie_class

　결국 꾸준함이 답이다! 를 모토로 인생을 살고 있는 교육자 겸 작가입니다. 나만의 목표를 가지고 하루하루를 성실히 살아내는 삶을 살면서 학생들과 함께 성장하고 있습니다. 학생들이 날개를 달고 훨훨 날 수 있기를 바라는 마음으로 영어와 인생을 가르치고 있습니다. 인생을 살아가는 것에는 어떤 것도 정답이 없습니다. 자신이 추구하는 삶, 자신이 가고자 하는 길을 묵묵히 그리고 꾸준히 갈 수 있는 것이 가장 중요합니다. 우리 학생들이 긍정적인 마음으로 자신의 인생을 주체적으로 살아갈 수 있기를 바랍니다. 나 또한 그러한 마음가짐으로 인생을 살아가며 오늘 보다 더 나은 내일이 되기를 바라며 도전하는 삶을 사는 교육자입니다.

김정아, 다니엘라잉글리시 원장 @teacherdanielakim

　동생과 영화 타이태닉 주제가를 카세트테이프가 늘어질 때까지 따라 부르던 아이였습니다. 중학교 2학년 영어 시간에 들었던 팝송 가사의 뜻을 알게 되고부터 평생 영어를 좋아해 왔습니다. 역마살 끼었던 이십 대를 보내고 남들 눈에만 좋은 은행, 항공사, 유통 대기업에 다닐 적보다 제가 좋아하는 영어를 통해 소명을 찾은 후로 훨씬 행복한 삶을 사는 중입니다. 아이들이 안정된 공간에서 영어를 학습할 수 있도록 임상 심리를 공부했고 아이들의 진로에 도움이 되기 위해 항상 자기 계발하는 원장으로 지내고 있습니다. 토익부터 어학원과 입시학원까지 여러 강의를 해보았지만 그래도 제 이름을 걸고 경기도 한편에서 아이들에게 제가 아는 영어에 대한 모든 것을 가르칠 수 있는 지금이 강사로서 가장 행복합니다.

그리고 앞으로의 계획과 더 큰 꿈을 향한 도전의 이야기들 또한 솔직하게 담아냈습니다.

이 책의 저자들에게 영어교육은 '영어', '교육' 그 이상입니다. 학생들에 대한 무한한 사랑과 열정, 그리고 깊은 이해를 바탕으로 삶을 더 행복하고 아름답게 바라보게 하는 특별한 철학이 있습니다. 영어를 통해 학생들의 언어적 능력을 향상하는 것뿐만 아니라, 그들의 마음을 헤아리고 성장시키는 것에 진정한 가치를 두고 있는 이 원장님들의 이야기는, 건실한 성장과 올바른 영어교육에 대하여 일깨워줍니다.

아이들과 함께 영어를 통해 세상을 바라보며, 꿈을 향해 도전하고 성공을 위해 노력하는 이 원장님들의 글은, 아이들을 가르치는 분들에게는 공감과 위로가 되고, 영어 원장으로 성장하고 싶은 분들에게는 자극과 동기부여가 될 것입니다. 또한 학부모님에게는 열정적이고 신뢰할 수 있는 선생님의 모습으로 마음속에 오래 남을 것입니다.

이들의 이야기를 통해 제가 그랬던 것처럼, 마음을 움직이는 감동과 전율을 느끼시길 바랍니다. 그리고 웅크리고 있던 날개를 활짝 펼치고 꿈을 향해 날아가는 모습을 상상하게 된다면 엮은이로서 더할 나위 없이 행복하겠습니다.

안지원

프롤로그

　이 책을 엮으며, 살아온 배경과 꿈꾸던 일도 모두 달랐지만 지금은 같은 일을 하는 여섯 명의 저자들을 누구보다 더 잘 이해하게 되었습니다. 이 분들의 이야기를 독자분들에게 전할 수 있어서 행복하고 감사한 마음입니다.

　이 여섯 명의 저자는 영어 교육기관의 원장이라는 공통된 직업을 가지고 있습니다. 각자의 자리에서 자신의 '가치'를 만들고 아이들과 '같이' 성장하기 위해 쉼 없이 달려가고 있습니다. 서로 아주 다른 유년 시절 이야기부터, 영어라는 공통된 꿈을 좇으며 어떻게 영어전문가로 성장하고 원장이 되었는지 이 책을 통해 솔직한 이야기들을 꺼내어 보았습니다. 영어라는 꿈에 닿는 시작은 모두 달랐지만, 같은 소망이 있었습니다. 그것은 바로 영어라는 날개를 달고 꿈을 향해 날아가고자 했던 희망이었습니다.

　이 책 [전지적 영어원장 시점 : 영어를 가르치지만, 인생을 배우고 있습니다]은 여섯 명의 영어 원장이 영어전문가로 훌륭하게 성장하고 성공하기까지 어린 시절의 경험과 꿈을 향한 열정적인 이야기들, 현재 영어학원을 운영하면서 겪은 크고 작은 에피소드들,

전지적 영어 원장 시점

영어를 가르치지만, 인생을 배우고 있습니다.

김보라
김정아
신미선
이보미
임채윤
장희정

드림빅북스

전지적 영어원장 시점

영어를 가르치지만, 인생을 배우고 있습니다

발 행 | 2024년 3월 1일

저 자 | 김보라 김정아 신미선 이보미 임채윤 장희정

펴낸이 | 안지원
펴낸곳 | 드림빅북스
출판사등록 | 2023.10.17.(제409-2023-000091호)
주 소 | 경기도 김포시 김포한강8로, 173-88. 근린상가 A동 204호
전 화 | 010-2189-6865
이메일 | dream_big@kakao.com
인스타 | www.instagram.com/dreambig_audrey

ISBN | 979-11-986522-2-5

글을 쓰고 꿈을 이루는, 드림빅북스

드림빅북스 출간 문의 - dream_big@kakao.com
드림빅북스에서는 글을 쓰고 책을 출간하고자 하는 분들의 꿈을 이루어 드립니다.

전지적 영어원장 시점

영어를 가르치지만,
인생을 배우고 있습니다

저 자
-
김보라 김정아 신미선 이보미 임채윤 장희정

비교해라?
어제의 나와 끊임없이 비교해라

[어제의 나와 비:교]

비교는 사람의 자연스러운 심리다.
부정의 비교보다는 긍정의 비교로 어제보다 0.1% 학습, 연습, 훈련으로
어제보다 나은 사람이 된다.

출처: 명판사기 세관사전

SNS 시대 끊임없는 부정의 비교로
상대적 불행, 상대적 불만, 상대적 우울감……

그래도 나는 괜찮은 사람인데....
잘하는 건 없지만 못하는 것도 없다는 태도로 사는데...

SNS 속 쇼윈도 행복을 보고
비교하는 나를 보면 자신, 내 분야 자존감, 자신감이 낮아진다...

그래서, 스스로 이런 말들을 되뇌인다

나도 저 사람만큼
열심히 하고 싶은데...

왜 저 사람만큼 못하는지
열등감, 자격지심이 올라온다...

난 행복할 수 있을까?
내 분야에서 잘 할 수 있을까?
이생마!
이번 생은 망했나?

그렇지 않습니다!

100년을 살아도
오늘은 누구나 처음
내일은 그 누구도 모릅니다!

살아온 날로
살아갈 날 단정 짓지 말자!

누구든지 처음부터

 잘하는 사람은

없습니다

우리는 각자 자기만의

 속도가(나다움) 있습니다

결승점에 빠르게 혹은

느리게 도착할 수도 있습니다

타인과 자신을

비교하지 않고

어제의 나와 비교하자

노력이 **배신하는 시대**

노오력이 아닌

올바른 노력으로

자기만의 **속도로**

천천히 그리고

꾸 준 히

나아가다 보면 원하는 지점에 도착할 수 있습니다!

토닥! 토닥!
힘내세요!
다시 해 봅시다!

잘하지 않아도 괜찮아!
부족하니까 사랑스럽지!
지금 잘하고 있는 거 알죠!

Google　자기계발아마존 🔍

자기계발아마존이 함께 하겠습니다!
150년 A/S, 피드백, 관리 시스템

출처, 참고서적

방탄자기계발 소개

『확신』 롭 무어, 다산북스, 2021

4장 방탄행복

『천 개의 성공을 만든 작은 행동의 힘』 존 크럼볼츠,
라이언 바비노, 프롬북스 2014
『행복히어로』 부크크(Bookk), 최보규, 2021
<얼리어답터 뉴스에디터>

자기계발코칭전문가 4

발 행 | 2022년 09월 07일

저 자 | 최보규

펴낸이 | 한건희

펴낸곳 | 주식회사 부크크

출판사등록 | 2014.07.15.(제2014-16호)

주 소 | 서울특별시 금천구 가산디지털1로 119 SK트윈타워 A동 305호

전 화 | 1670-8316

이메일 | info@bookk.co.kr

ISBN | 979-11-372-9436-3

www.bookk.co.kr